子どもが喜ぶ手づくり野菜料理

はじめに

　子どもの頃の正しい食生活が、その後の永い人生において体と心を健全に支える大きな力となっていることは、よく認識されているところでしょう。
　しかし、現実には子どもの食のあり方に好ましくないさまざまな状況が生じているのです。たとえば、三食の食事をきちんと摂らない、好き嫌いが激しい、そのために栄養素の摂取が偏っていること。また、家族とともに過ごす楽しい食事の時間が持てず、孤食という言葉さえ聞こえてきます。子どもは正しい食の選択はできないのですから、きちんとした食環境を大人が整えてやらなければなりません。
　毎日の食事では、できるだけ多種類の食品を取り入れた食卓となるよう、料理や献立に工夫をしたいものです。

野菜によっては、調理に手がかかることや子どもが積極的に食べないことなどで、使いにくい素材になっているようですが、本書を活用することで、その考え方から脱皮していただければ幸いです。
　子どもの野菜嫌いをなくすためには、子どもを料理づくりに参加させることが大切です。料理づくりは創造の世界でもあります。子どもは喜んでその世界に入りますので、多少出来上がりが悪くとも、自分で作った料理は積極的に口にするものです。そのような中から個々の野菜のおいしさが理解できるようになるでしょう。楽しく料理を作り、豊かな心で食卓を囲むこと。それによって健全な子どもを育んでいきたいものですね。

女子栄養大学教授　吉田企世子

c・o・n・t

- はじめに 2
- 🟢 野菜をおいしく食べさせるコツ 6
- 🟠 こんなとき、こんな野菜を食べさせましょう 7
- 🟣 小さいころから、食材を教えていきましょう 8
- 🟡 子どもと一緒に料理を楽しみましょう！ 9
- 🔵 野菜の本当の旬はいつ？ 10
- 🔴 野菜調理の基本テクニック 12
- 🟢 賢い野菜の選び方 14
- ⚪ 本書の見方 15

レシピ編

- グリーンアスパラガス　アスパラベーコン巻き＜こらむ／アスパラガスのゆで方＞　16
- さやいんげん　さやいんげんのピーナッツバター和え　18
  　　　　　　　さやいんげんチーズ焼き　19
- 枝豆　枝豆じゃこごはん＜こらむ／枝豆じゃこごはん作りのポイント＞　20
- さやえんどう　さやえんどうと卵の炒め物　22
- スナップえんどう　スナップえんどうシロップ煮　23
- オクラ　オクラ納豆　24
　　　　　オクラの天ぷら　25
- かぶ　かぶとウインナーのクリーム煮　26
- かぼちゃ　かぼちゃのミートソースグラタン＜こらむ／ミートソース作りのポイント＞　28
- カリフラワー　カリフラワーポタージュ＜こらむ／ポタージュの活用法＞　30
- キャベツ　ロールキャベツホワイトソース＜こらむ／ロールキャベツの作り方＞　32
- 紫キャベツ　紫キャベツくるみサラダ　34
- 芽キャベツ　芽キャベツの肉巻き煮　35
- きゅうり　きゅうりといかのしょうゆ炒め＜こらむ／いかを炒めるポイント＞　36
- ごぼう　ごぼうのミルクスープ＜こらむ／ごぼうの下ごしらえ＞　38
- 小松菜　小松菜のしらす和え　40
　　　　　小松菜と桜えびのチーズ炒め　41
- 空豆　空豆とハムのかき揚げ＜こらむ／かき揚げを上手に揚げるコツ＞　42
- 大根　大根葉じゃこソテー　44
　　　　大根おろしなめたけ和え　45
- ラディッシュ　ラディッシュ甘酢漬け　46
　　　　　　　　ラディッシュのツナ和え　47

e・n・t・s

- 玉ねぎ　オニオングラタンスープ＜こらむ／玉ねぎの炒め方＞　48
- たけのこ　たけのこのおかか煮　50
　　　　　たけのこの白味噌焼き　51
- つまみ菜　つまみ菜の卵とじ＜こらむ／卵とじは火加減が大切＞　52
- スイートコーン　中華風コーンスープ＜こらむ／溶き卵を入れるタイミング＞　54
- トマト・ミニトマト　チーズ焼きトマト　56
　　　　　ミニトマトのクリームチーズサラダ　57
- なす　なすのひき肉はさみ揚げ＜こらむ／なすを揚げる時の注意点＞　58
- にら　にらの卵入りお焼き＜こらむ／お焼きのきれいな焼き方＞　60
- にんじん　にんじんのごま和え＜こらむ／にんじんの上手な食べ方＞　62
- ねぎ　ねぎのホワイトソースグラタン＜こらむ／電子レンジで簡単ホワイトソース作り＞　64
- 白菜　白菜とみかんのサラダ　66
　　　白菜の甘酢炒め　67
- れんこん　れんこんのえびすり身はさみ揚げ＜こらむ／れんこんの下ごしらえ＞　68
- ピーマン　ピーマン・アーモンド・じゃこソテー＜こらむ／ピーマンの炒め方のポイント＞　70
- 赤ピーマン・黄ピーマン　赤・黄ピーマンのマリネ＜こらむ／あっさりしたマリネの作り方＞　72
- ブロッコリー　ブロッコリーのチーズフライ＜こらむ／ブロッコリーはさっとゆで、衣は薄く…＞　74
- ほうれん草　ほうれん草の磯部巻き　76
　　　　　ほうれん草のココット　77
- もやし　もやしの袋煮＜こらむ／もやしの袋煮作りのポイント＞　78
- 大豆もやし　大豆もやしナッツ入りナムル＜こらむ／大豆もやしナッツ入りナムル作りのポイント＞　80
- レタス　レタスのケチャップ炒め　82
- サニーレタス　サニーレタスのそぼろ包み　83
- 菜の花　菜の花のチーズソースかけ＜こらむ／応用範囲の広いチーズソース＞　84
- さといも　さといも味噌田楽＜こらむ／さといもの下ごしらえ＞　86
- さつまいも　さつまいものきんぴら　88
　　　　　大学芋　89
- じゃがいも　じゃがいもとレーズンのミルク煮　90
　　　　　しゃきしゃきじゃがソテー　91
- やまのいも　とろろごはんのグラタン＜こらむ／やまのいもの料理のポイント＞　92

野菜の保存とフリージングのポイント　94

野菜をおいしく食べさせるコツ

① 新鮮な野菜を用いること
　どのような料理も新鮮な野菜を用いなければおいしくなりません。子どもは味や香りに敏感です。新鮮な野菜のおいしさを伝えてあげましょう。

② まずは野菜の味に慣れさせる
　嫌いな野菜はなるべく形を崩して、子どもの好きな料理に少しづつ加えて味覚を順応させます。次の段階では、その野菜本来の味が理解できるように、見える形で料理に用います。無理やり食べさせるだけでは、子どもはその野菜に一層抵抗感をもつばかりです。ゆっくりなじませてあげましょう。

③ 子どもの好む調味方法を組み合わせる
　ケチャップやソースを使ったり、カレー味に仕立てるなど、子どもが親しみやすい味付けの料理を取り入れましょう。

④ 切り方や盛り付けに工夫を
　子どもが野菜嫌いになる理由には、味や香りだけではなく、固すぎる、グニャグニャしているなどの食べにくさもあげられます。細かく刻んだり、よく火を通すなどして、食べやすくしましょう。また、盛り付けにも子どもが興味をもつような工夫をしてあげてください。

⑤ 野菜を栽培している畑に入り、収穫の体験をする
　都会では、なかなか難しいかもしれませんが、農家の人々がどのような気持ちで野菜を作っているか聞く機会を持つことも、子どもが野菜に関心をもつ大きなきっかけになります。それが無理なら、小さな家庭菜園で子どもと一緒に楽しんでみてはいかがでしょうか。自分で収穫をすることで、野菜に親しみが湧き、また本当の旬を知ることにもつながります。

こんなとき、こんな野菜を食べさせましょう

◆風邪の時の野菜料理

　体力をつけることが必要なので、きちんと食事ができるよう、子どもの好みを聞き、タンパク質や糖質を充分摂取できる肉や卵、やわらかいご飯などと組み合わせて野菜をとるようにしましょう。ビタミンCやAは風邪に対する抵抗力をつけてくれます。これらを多く含む緑黄色野菜をしっかり食べさせることが必要です。

◆アトピーの子に

　香草野菜のように刺激成分を含む野菜は避けましょう。日頃の食事の中で、どのような野菜が合わないかを把握することが必要です。その野菜に含まれる栄養素は、代わりの野菜で補う工夫が大切。白菜のような淡泊な味の野菜は無難ですので、同じ素材を続けて使っても安心です。調理方法、味付けの方法を工夫することでバリエーションを増やしていきましょう。

◆お腹の調子が悪いとき　（下痢）

　日頃は食物繊維を充分摂取したいのですが、この場合はとくに不溶性食物繊維は控えます。ピューレにした野菜を使う料理（かぼちゃのポタージュなど）や、やわらかく煮た野菜などが良いでしょう。温かい料理を中心にしてください。

◆食欲がないときには

　香辛性の野菜が適します。その中でも、子どもが好きな刺激性の野菜を選びましょう。料理の味付けでは甘酸っぱい味、旨味のあるだしを用いる料理などが食欲をそそってくれます。食欲がないときは、とにかく、まず食べさせることが大切ですから、多少偏っても子どもの好む料理を主体に考えましょう。

小さいころから、食材を教えていきましょう

◆ キャベツとレタスの区別がつかない?!

　最近、食材を知らない子どもが増えているといいます。キャベツをレタスと勘違いしたり、学校給食ではじめてブロッコリーを見たという子もいるのです。子どもに限らず、大人でもほうれん草と小松菜の区別がつかない人がいる時代です。食材を知らないということは、食への関心が薄れている表われといえるでしょう。

　日頃から子どもが台所で種々の食品に馴染むよう習慣づけさせることが必要です。買い物にもできる限り一緒に連れていきましょう。そのようなことが食べることに対する関心を高めることになり、好き嫌いをなくすことにもつながります。食べ物の教育は、毎日の積み重ねの中から長い時間をかけて行なうことが必要です。

　子どもと一緒にぜひ畑に行ったり、田んぼに行く機会を作ってください。畑にあるキャベツ、レタスを見せ、野菜が育っている様子がわかると、それはとてもいい食育になります。今の子どもたちには、土に親しむことが必要です。そして、栽培するときの苦労と楽しさを知ることも大切なのです。

子どもと一緒に料理を楽しみましょう！

　子どもが楽しめることから手伝わせましょう。たとえば、ハンバーグステーキの形を子どもの好みで作らせたり、にんじんや大根を、型を抜いて梅の花、ヒョウタン型などにするのも良いでしょう。

　子どもが台所に入ると食事づくりに時間がかかりますが、それは覚悟して、子どもの食育の大切な場であることを考え、イライラしないことが大切です。日頃、その時間が持てない場合には、土曜日や日曜日にはぜひ子どもが調理に参加する時間を作ってあげたいものです。

　クッキーなどを一緒に作るのも良いでしょう。粘土細工のような感覚で子どもは喜びます。お星さまや動物の抜き型で子どもの好きな形のクッキーを作らせます。それがきっかけで食事の手伝いにも関心を持つようになります。

● 野菜を手でちぎる

● 皮むき器（ピーラー）で皮をむいたり、削ったり

● 素材を混ぜる

● すりおろす

野菜の本当の旬はいつ？

今では、栽培技術や保存方法の発達によって、多くの野菜が一年中食べられるようになりましたが、四季の豊かな

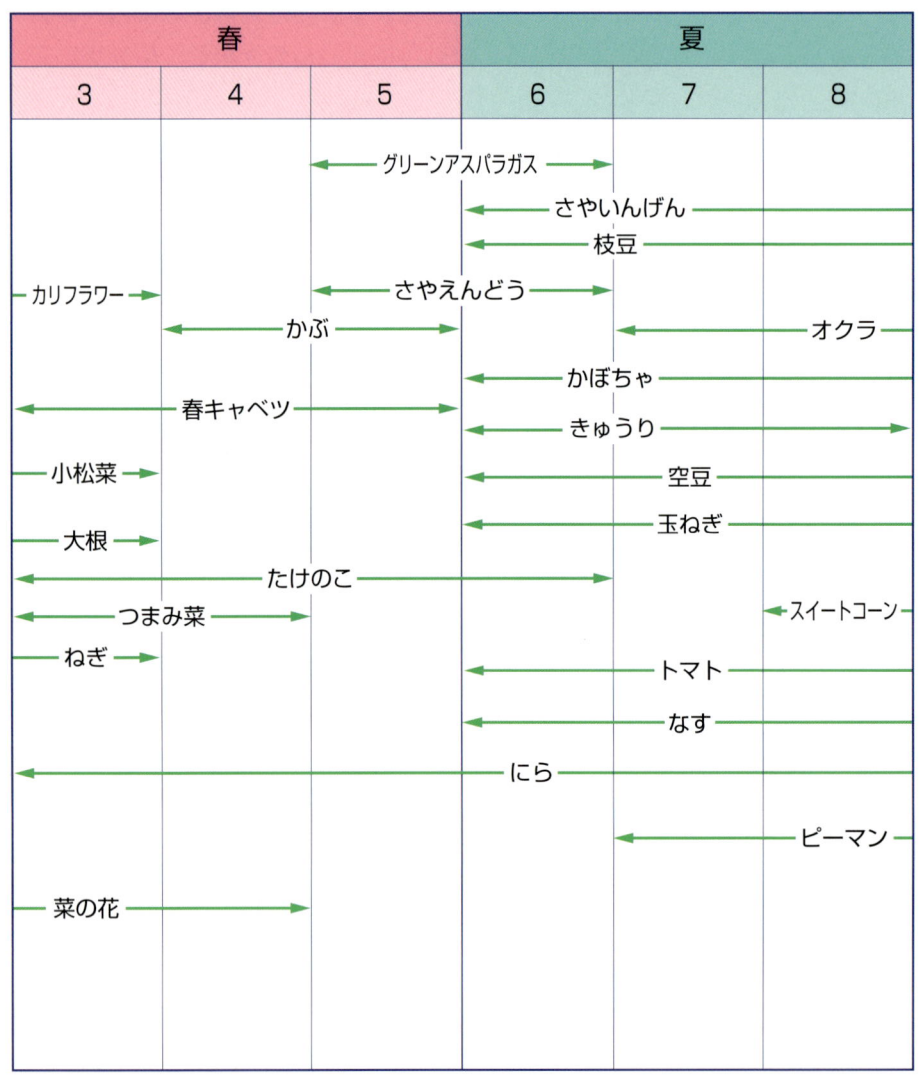

	春			夏		
3	4	5	6	7	8

- グリーンアスパラガス（5〜6）
- さやいんげん（6〜7）
- 枝豆（6〜7）
- カリフラワー（3）
- さやえんどう（5〜6）
- かぶ（4〜5）
- オクラ（7〜8）
- かぼちゃ（6）
- 春キャベツ（3〜5）
- きゅうり（6〜8）
- 小松菜（3）
- 空豆（6〜7）
- 大根（3）
- 玉ねぎ（6〜7）
- たけのこ（3〜5）
- スイートコーン（8）
- つまみ菜（3〜4）
- トマト（6〜7）
- ねぎ（3）
- なす（6〜7）
- にら（3〜6）
- ピーマン（7〜8）
- 菜の花（3〜5）

※もやし類には旬がありません。レタス類も現在は旬が不明です。

日本では、その季節に合った野菜を収穫し食べてきました。旬の食べ物は新鮮でおいしいばかりでなく、栄養面でも優れ、私たちの健康を支えてくれるのです。日本は北海道から九州まで気候条件に違いがあり、それぞれの地域で野菜の旬も変わってきますが、一つの目安として参考にしてください。

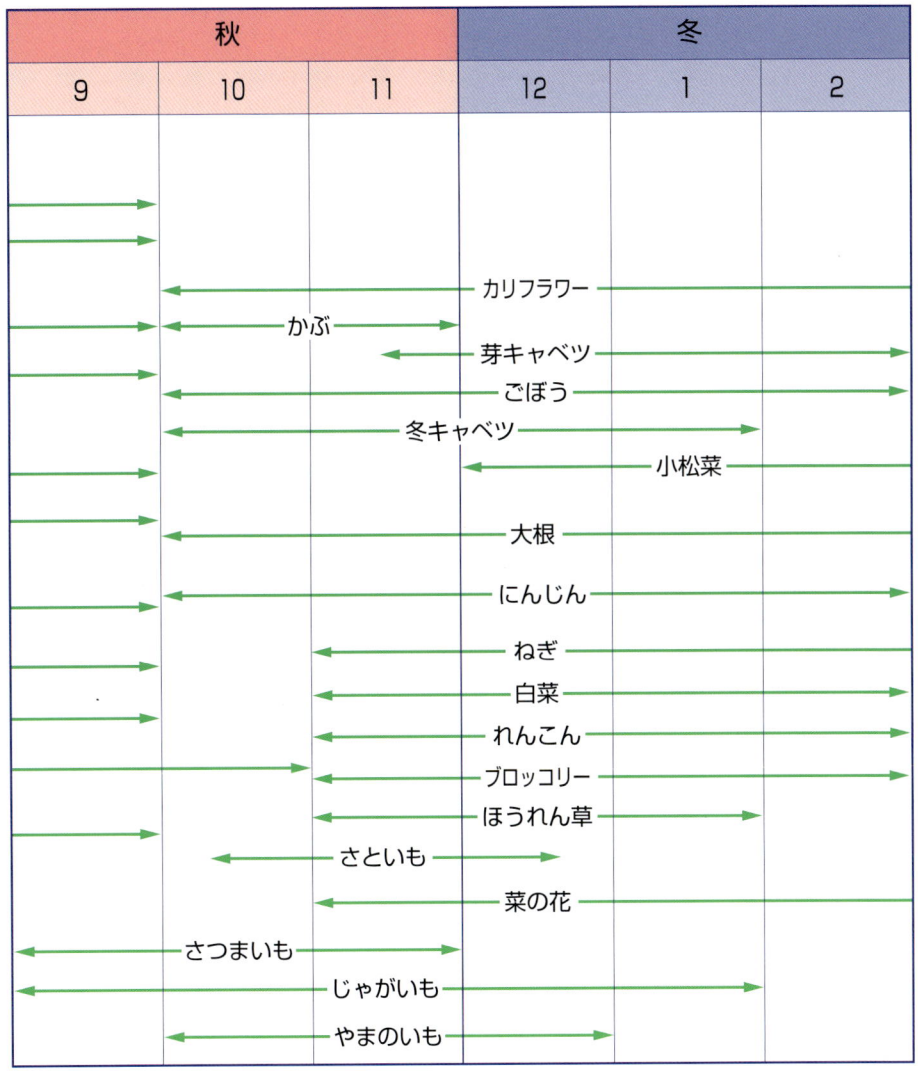

野菜調理の基本テクニック

基本的な切り方

①小口切り
ねぎなどの細長い素材を、端から薄く均一に切っていく。

②半月切り
素材を縦半分に切り、端から半月の形に切っていく。

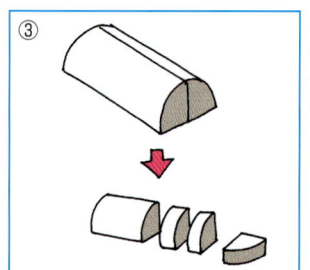

③いちょう切り
素材を縦4つに切り、端からいちょうの形に切る。煮物にするときは少し厚めに切ると良い。

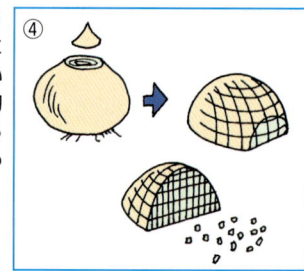

④みじん切り
玉ねぎのみじん切りは、縦半分に切ってから、芯を切り離さないように縦と横に切れ目を入れ、芯に向かって切り離していく。

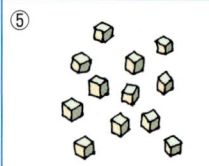

⑤あられ
みじん切りよりも大きく、1辺を5mm程度のサイコロ型に切っていく。

⑥短冊切り
だいたい長さ5〜6cm、幅7〜8mmの長方形（短冊型）に薄く切る。長さ、幅は調理によって異なるが、ほかの素材と大きさを合わせるようにする。

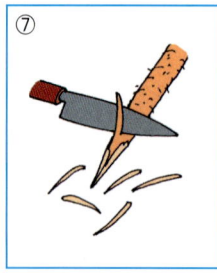

⑦ささがき
ごぼうやにんじんなどを、鉛筆を削るように回しながらそぎ切りする。皮むき器（ピーラー）を使うと簡単にできる。太いものは縦に切れ目を入れるときれいに切れる。

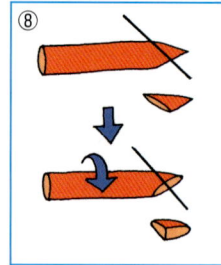

⑧乱切り
きゅうりなどの細長い素材を、回しながら斜めに切る。

アクの抜き方

①**れんこん** 切ったらすぐに、水の2%の酢を入れた酢水につける（先に酢水を用意しておく）。

②**ごぼう** 包丁の背で皮をこそぎ取り、切ってすぐにたっぷりの水に10分さらす。新ごぼうのようなアクの強いものは酢水に10分程つける。あまり長くさらすと、旨味も抜けてしまうので注意。

③**なす** 切ってすぐに水につける。なすが浮いてこないようにお皿などで押さえながら、5〜6分おいておく。ただし、油で揚げるときは高熱でアクが消えるので、アク抜きの必要はない。切ったらすぐに揚げるようにする。

④**いも類** 切ったら水に5〜10分つける。長くつけすぎると、水を吸収しすぎて火が通りにくくなるので注意する。

⑤**青菜類** たっぷりの湯を沸騰させ、根元から入れる。もう一度沸騰させて青菜をひっくり返し、ひとくぐりさせたら、鍋から出して水にさらす。1〜2分ほどさらしたら、よく水気を絞る。少量ずつゆでると時間が短縮でき、ビタミンの損失も少なくて済む。

賢い野菜の選び方

- 良く売れている店で買う
- なるべく国産品を選ぶ
- できるだけ、丸ごと買ってくる

　良く売れている店の野菜は新鮮です。なんといっても新鮮な野菜を求めることが第一。子どもにはとくに有機栽培、減農薬の野菜が良いでしょう。これらは一般に味が良く、栄養価の高いものが多いのです（必ずそうであるとはいえませんが）。

　近年、輸入野菜が増加しています。産地表示がなされていますので、よく見て、なるべく国産野菜を選ぶようにしましょう。一般的に味や栄養価の点で、国産の方が優れています。

　また、カットした野菜は風味や栄養価が変化してしまいます。なるべく丸ごとの野菜を買ってください。それを上手に使いこなす料理方法を身につけましょう。

子どもが喜ぶ手づくり野菜料理
レシピ編

本書の見方
- 本書は、4～6歳の子どもを対象にしています。
- 材料の分量は、大人2人、子ども2人の4人分です。大さじ1は15cc、小さじ1は5cc、1カップは200ccで計っています。また、カロリーは子ども1人分で計算しています。
- 調理時間には、漬け込む時間を含みません。

アスパラベーコン巻き

- 調理時間 / 15分
- 子ども1人分 / 112kcal

栄養バランス
- 最も効率良く摂取できる栄養素 / ビタミンB_1
- 比較的効率良く摂取できる栄養素 / ビタミンC

■ 材料（4人分）

グリーンアスパラガス　1束（175g）
ベーコン　5枚（100g）
塩　少々
ゆで卵　1 1/4個

■ 作り方

① アスパラガスはかたい部分を除き、さっとゆで、半分に切る。
② 半分に切ったベーコンで、アスパラガスを巻く。
③ ②をよく熱したフライパンで軽く焦げ目がつく程度に焼き、塩をふる。
④ くし形に切ったゆで卵と③をお皿に盛り合わせる。

グリーンアスパラガス

太陽をいっぱい浴びて育った緑黄色野菜

　アスパラガスにはグリーンとホワイトの2種類があります。

　ホワイトはおもに缶詰めの加工原料になりますが、一部は生鮮野菜として店頭に並びます。ホワイトは栽培期間中、土をかぶせて太陽に当たらない方法で生育させるので、緑色色素のクロロフィルが生成されません。

　栄養価が高く、旨味があるのはグリーンの方です。グリーンは太陽のもとで生育させますので、光合成が活発に行われます。ビタミンC、カロテンなどが多く含まれ、また、旨味成分も生成されますから、特有のおいしさが生まれるのです。グリーンアスパラガスは緑黄色野菜の一種。旨味には種々のアミノ酸が関係しますが、アスパラガスは、疲労回復やスタミナ増強の作用をもつアスパラギン酸やグルタミン酸が多いのが特徴です。かたい部分を除いて、食べやすくしてあげましょう。

コ・ラ・ム

アスパラガスのゆで方

　グリーンアスパラガスは下部のかたいところは切り落としますが、それでもかたいなら下部の2～3cmは皮をむいて使うと良いでしょう。長いままゆでられる大きな鍋が無いなら半分に切って、下部の方から入れ、10～20秒後に穂先を入れゆでます。さらに焼くのでかためにゆでておくのがポイントです。

　ベーコンに含まれる脂肪を利用してソテーしますので、フライパンは充分熱しておくことが大切です。

さやいんげんの
ピーナッツバター和え

| 調理時間 | 10分 |
| 子ども1人分 | 77kcal |

栄養バランス
| 最も効率良く摂取できる栄養素 | ビタミンA |
| 比較的効率良く摂取できる栄養素 | ビタミンB₁ |

■ 材料（4人分）
さやいんげん　200g
A　ピーナッツバター　大さじ3 1/3
　　しょうゆ　小さじ2 1/2
　　砂糖　小さじ2 1/2
　　みりん　大さじ1 2/3

■ 作り方
① さやいんげんは筋を除き、熱湯でゆで、斜めに切る。
② Aの材料をよく混ぜ合わせ、①を和える。

健やかな成長に欠かせないβ-カロテンとビタミンB₁、B₂

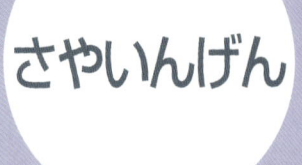

いんげん豆の未熟な若ざやを食用とするものです。β-カロテンが多い緑黄色野菜。β-カロテンが体内で吸収される際にはビタミンAが生成されるので、さやいんげんはビタミンAの供給源となります。β-カロテンはカロテノイド系色素の一種で、この中には、化学構造の異なる非常に多くの成分が含まれますが、ビタミンAを生成するのは、植物性食品ではα-カロテン、β-カロテン、γ-カロテン、クリプトキサン

さやいんげん
チーズ焼き

|調理時間|15分|
|子ども1人分|85kcal|

栄養バランス
|最も効率良く摂取できる栄養素|ビタミンA|
|比較的効率良く摂取できる栄養素|カルシウム|

■ 材料（4人分）
さやいんげん　200g
玉ねぎ　1/2個（100g）
バター　小さじ2 1/2
塩　少々
とろけるチーズ　75g
パン粉　大さじ1 2/3

■ 作り方
①さやいんげんは筋を除き、3等分に切る。玉ねぎは長さ半分に切ってから、薄切りにする。
②フライパンにバターを溶かし、玉ねぎとさやいんげんを炒める。
③玉ねぎがしんなりとしたら、塩をふり、耐熱容器に移して、とろけるチーズとパン粉をのせる。
④230℃に熱したオーブンで、チーズがとろけるまで約5分加熱する（オーブントースターでもOK）。

チンの4種類だけです。これらの中でβ-カロテンは、ほかのものの2倍のビタミンA効力があるのです。幸いに野菜に含まれるカロテノイドはおもにβ-カロテンです。さやいんげんは、ビタミンB₁や、成長を促進するビタミンB₂も野菜としては多い方ですが、ビタミンCはやや少なめです。機能性成分である食物繊維は多い方です。

枝豆じゃこごはん

調理時間 15分
子ども1人分 214kcal
栄養バランス
最も効率良く摂取できる栄養素 カルシウム
注目すべき栄養成分 食物繊維

■ 材料（4人分）

ごはん　550g
枝豆　180g（さや付・正味100g）
じゃこ　25g
塩　少々
ごま　小さじ1 2/3

■ 作り方

① 枝豆はゆでて、さやから取りだす。
② ごはんと①、じゃこ、塩を混ぜ合わせ、茶碗に盛り、ごまを散らす。

枝豆

デンプンや糖分をエネルギーに変えてくれるビタミンB_1が豊富

完熟すると大豆ですが、その未熟な時期には野菜としての成分が各種含まれます。大豆には含まれないビタミンCが多く、また、ビタミンB_1、B_2も豊富です。とくにB_1が多いのが特徴。日常の食事の中でB_1は摂取しにくいビタミンで、健康な若い女性の血液中のビタミンB_1濃度を測定した結果では、所要量を充足していた割合が68％だったとの報告があったほどです。

糖質（デンプンや甘い糖分など）を摂取したとき、これらからエネルギーを生成する過程でビタミンB_1の働きが必要になります。

ですから、B_1の所要量は摂取エネルギー当たりで決められ、成人で0.35mg／1,000kcalとされています。4～7歳の子どもでは、1日当たり0.6～0.8mg必要です。枝豆100gから0.32mgのB_1が摂取できますので、枝豆は重要なビタミンB_1供給源といえます。

ちなみに、アルコール飲料のおつまみに枝豆がよく用いられますが、ビタミンB_1、Cにはアルコールの分解を促進する効果があります。

コ・ラ・ム

枝豆じゃこごはん作りのポイント

　枝豆はゆでてから、水にさらすと水っぽい仕上がりになってしまいます。ザルに広げて冷まし、さやから取ってください。急ぐ時はさっと水をかけて、表面のあら熱をとるだけにしてください。

　枝豆、じゃこ、ごまを加え、噛みごたえのある主食に仕上がっています。食物繊維とカルシウムもしっかりとれます。

さやえんどうと卵の炒め物

- 調理時間 15分
- 子ども1人分 120kcal

栄養バランス
- 最も効率良く摂取できる栄養素 ビタミンA
- 比較的効率良く摂取できる栄養素 ビタミンB_2, C

■材料（4人分）
- さやえんどう　150g
- 卵　5個
- マーガリン　大さじ1 2/3
- 塩　少々

■作り方
① さやえんどうは筋を除き、さっとゆで、斜め半分に切る。
② フライパンにマーガリンを溶かし、卵を炒める。
③ 卵が少し固まりはじめたら、①を加え、塩をふり、ひと炒めして仕上げる。

免疫力を強化するビタミンCが豊富

さやえんどう

　えんどう豆の未熟なもので、緑黄色野菜。完熟した豆はデンプンが主成分ですが、野菜として利用する未熟な時期には、デンプンがほとんど含まれない代わりに、完熟豆にはないビタミンCやカロテンが含まれます。

　鮮やかなグリーンの色はクロロフィル（葉緑素）ですが、緑色の陰に黄色のカロテンが共有しています。とくにβ-カロテンが多いのが特徴。

　野菜の中で完熟して豆になる種類のものには、ビタミンB_1、B_2などが多く含まれるのも特徴です。ビタミンCも大変多く含まれます。

スナップえんどう シロップ煮

| 調理時間 | 10分 |
| 子ども1人分 | 35kcal |

栄養バランス
最も効率良く摂取できる栄養素　ビタミンC

■ 材料（4人分）
スナップえんどう　150g
砂糖　大さじ1 2/3
塩　少々

■ 作り方
①スナップえんどうは筋を除く。
②鍋に水1 1/4カップ、砂糖、塩を入れ、ひと煮立ちしたら、スナップえんどうを加える。
③スナップえんどうがやわらかくなったら、出来上がり。

スナップえんどう

アメリカからやってきた新しいえんどう、ビタミンが豊富

　β-カロテンやビタミンCの多い野菜です。ビタミンB_1もやや多く含まれます。ビタミンCやB_1は調理による損失が生じやすいのですが、スナップえんどうの場合は比較的安定です。

　食物繊維の供給源ともなります。

ビタミンCは、免疫力を強化してくれますので、抵抗力の弱い子どもには、とくに必要な栄養素。従来、日本人のビタミンC所要量は成人で50mg/日とされていたのですが、平成12年度から今後5年間用いられる所要量では100mg/日となりました。4〜7歳の子どもでは、50〜60mg/日が必要なのです。ビタミンCの多い野菜を積極的に摂取するようにしましょう。

オクラ納豆

| 調理時間 | 5分 |
| 子ども1人分 | 79kcal |

栄養バランス
| 最も効率良く摂取できる栄養素 | ビタミンB₂ |
| 注目すべき栄養成分 | 食物繊維 |

■ 材料（4人分）
オクラ　10本（100g）
納豆　5パック（150g）
しょうゆ　大さじ1 2/3
ごま油　小さじ1強

■ 作り方
①オクラはゆで、小口切りにする。
②納豆をよくかき混ぜ、しょうゆ、ごま油、①と合わせる。

オクラ

お腹の調子を整えてくれる水溶性食物繊維

　夏の緑黄色野菜として人気が高まっています。刻んだ時のネバネバが納豆の感覚に似て、ご飯にも合います。この粘性のある成分は食物繊維の一種。オクラはほかの野菜と比べて、食物繊維が多いのが特徴です。食物繊維には水に溶ける成分と溶けない成分がありますが、オクラには水溶性の食物繊維が全体の約30％くらい含まれます。水溶性の食物繊維は血中コレステロールの低下作用が大きいと報告されています。
　β-カロテンも多く、緑黄色野菜に分類されます。ビタミン

オクラの天ぷら

- 調理時間 / 7分
- 子ども1人分 / 79kcal

栄養バランス
- 注目すべき栄養成分 / 食物繊維

■ 材料（4人分）
オクラ　15本（150g）
衣　小麦粉　50g
　　卵　1/2個（30g）
　　水　70g
揚げ油　適宜
塩　少々

■ 作り方
①オクラをさっとゆでる。
②衣の材料を合わせて、オクラをくぐらせ、180℃に熱した油でカラリと揚げる。
③お皿に盛り、塩をふる。

C、B_1なども多く含まれます。ミネラルとしては、カルシウムが多いのが特徴で、95mg/100gの含有量となっています。食品中でカルシウム吸収率が良いものは牛乳ですが（平均50％くらい）、野菜のカルシウムも牛乳には及ばないまでもかなり吸収されるという報告があります。カルシウムの吸収率を高めるにはビタミンDや良質タンパク質を摂取することが必要です。

かぶとウインナーの クリーム煮

- 調理時間 / 15分
- 子ども1人分 / 115kcal
- 栄養バランス
- 最も効率良く摂取できる栄養素 / ビタミンA
- 比較的効率良く摂取できる栄養素 / ビタミンC

■ 材料 (4人分)

かぶ　2〜3個（200g）
ウインナー　5本（100g）
にんじん　1/4本（50g）
コンソメ　1 1/4個
牛乳　1 1/4カップ
塩　少々
片栗粉　大さじ1 2/3

■ 作り方

① かぶは葉の部分を少し残して8等分のくし形に切る。
② にんじんは半月に切り、ウインナーは切れ目を入れ、できれば飾り切りにする。
③ 鍋に水2 1/2カップとコンソメを煮立て、にんじん、ウインナーを加える。
④ ひと煮立ちしたら、かぶと牛乳を加え、かぶがやわらかくなるまで煮る。
⑤ 塩で味を調え、倍量の水で溶いた片栗粉を加え、とろみがついたら火を止める。

かぶ

葉にはβ-カロテンやカルシウム、根にはビタミンCが豊富

　古くから全国各地で栽培されてきた、日本人にはなじみの深い野菜です。春の七草の「スズナ」はかぶのこと。昔は根の部分より葉の方が食用として大切にされたそうですが、栄養価からみると、それは理にかなっています。

　葉にはβ-カロテン、ビタミンC、カルシウム、鉄などが多く含まれるので、捨てずにぜひ活用してください。根とともに味噌汁、浅漬け、炒めものなどに適します。

　根の白い部分は20mg/100gくらいのビタミンCを含み、その供

給源として役立ちます。やわらかく煮た時のなめらかな舌触りに特有のおいしさがあり、子どもにも食べやすくなります。
　二十日大根（ラディッシュ）のように生で利用するのであれば、デンプン分解酵素のアミラーゼを摂取できるので、ご飯のようなデンプンを主成分とする食品との組み合わせは効果的です。しかし、加熱すると、この酵素の働きは失われます。

かぼちゃの
ミートソースグラタン

- 調理時間 35分
- 子ども1人分 178kcal

栄養バランス
- 最も効率良く摂取できる栄養素 ビタミンA, E
- 比較的効率良く摂取できる栄養素 ビタミンC
- 注目すべき栄養成分 食物繊維

■ 材料（4人分）

かぼちゃ　1/4個（200g）
油　小さじ2 1/2
ミートソース　牛赤身ひき肉　150g
　　　　　　　玉ねぎ　3/4個（150g）
　　　　　　　オリーブ油　大さじ1 2/3
　　　　　　　トマト（缶）　500g
　　　　　　　コンソメ　1個弱
　　　　　　　塩　少々
　　　　　　　ケチャップ　大さじ1 2/3
パン粉　大さじ2 1/2
粉チーズ　大さじ1弱

■ 作り方

①かぼちゃは種を除き、2cm長さにスライスする。
②フライパンに油を熱し、かぼちゃを両面、色が変わるまでソテーする。
③ミートソースを作る。玉ねぎはみじん切りにし、オリーブ油を熱した鍋でしんなりとするまで炒める。
④牛肉を加え、肉の色が変わったら、トマト（缶）、コンソメ、塩、ケチャップを加え、少々煮詰める。
⑤耐熱皿にミートソースを敷き、かぼちゃを並べ、パン粉と粉チーズをふる。
⑥230℃に熱したオーブンで5～6分焼く。

かぼちゃ

栄養素がバランス良くいっぱい、昔から風邪防止に食べられていた

　栄養価の高い野菜の代表格です。緑黄色野菜の一つでカロテンが多く含まれます。カロテンはカロテノイドという色素の一種ですが、かぼちゃにはカロテノイドの中で、ビタミンA効力の大きいβ-カロテンやビタミンAの働きはないルテインなどが多く含まれます。むしろ、ルテインの方が多いのですが、これには栄養素としての働きはありません。しかし、機能性成分として注目され、発ガン予防の効果、老化防止、心疾患予防などの働きがあります。ビタミンC、Eも多く含まれます。
　かぼちゃの主成分はデンプンですから、エネルギーの供給源となります。穀物と野菜の両方の成分を兼ね備えているといえるでしょう。夏に収穫されるかぼちゃは保存性が高く、冬まで室温で保存できます。冬至にかぼちゃを食べる習慣がありますが、これは風邪をひきや

すい冬に、その予防効果のあるビタミンA、Cを含むかぼちゃを食べるという優れた習慣。子どもたちには、このような昔からの知恵も引き継いでいってほしいものです。

コ・ラ・ム

ミートソース作りのポイント

　かぼちゃは皮の近くほど食物繊維が多いので、なるべく皮付きのまま使うことがお勧めです。
　玉ねぎは透き通るまでしっかり炒めることがおいしいソースを作るコツです。玉ねぎは加熱することで甘味を増し、また肉料理に使えば臭み消しとして役立ちます。
　ミートソースはたっぷり作って冷凍しておけば、いろいろ活用できます。パスタやライスグラタンにも利用できます。

カリフラワーポタージュ

- 調理時間 / 20分
- 子ども1人分 / 142kcal
- 栄養バランス
- 最も効率良く摂取できる栄養素 / ビタミンC
- 比較的効率良く摂取できる栄養素 / ビタミンA

■ 材料（4人分）
カリフラワー　1/2株（正味250g）
コンソメ　1 1/4個
バター　大さじ1 2/3
小麦粉　大さじ1 2/3
牛乳　3/4カップ
塩　少々
生クリーム　大さじ5
オクラ　2～3本（15g）

■ 作り方
① カリフラワーは小房に分け、水3 1/2カップとコンソメを加えた鍋で煮る。
② 別の鍋にバターを溶かし、小麦粉をふり入れ、焦がさないように練る。
③ ②に①を徐々に加え、よく混ぜ合わせる。
④ 牛乳を加え、ひと煮立ちしたら、ミキサーにかけ、ピューレ状にする。
⑤ 鍋にもどし、生クリームを加えて、塩で味を調える。
⑥ 器に盛り、ゆでて小口切りにしたオクラを飾る。

カリフラワー

豊富なビタミンCやフラボノイドがさまざまな病気を予防してくれる

花やさいとか花キャベツとも呼ばれます。現在は同じ仲間であるブロッコリーの方が栄養価が高いことで注目されていますが、カリフラワーには特有の使い方や栄養素があります。まず、白い色を活かしたい料理にはブロッコリーでは代用できません。また、白い野菜にはビタミンCが少ないと考えられがちですが、カリフラワーのビタミンC含有量は65mg/100gと大変多いのです。白い色素はフラボノイドという成分で、これはポリフェノールの一種。赤ワインのような色素と外観上は異なりますが、同じようにポリフェノールが多いので、発ガン予防、心疾患予防などの効果が期待されます。ただ、β-カロテンはほとんど含まれません。

ほのかな甘味成分は、おもにマンニットという糖の一種です。

コ・ラ・ム

ポタージュの活用法

　カリフラワーはビタミンCを多く含みます。このポタージュでは、下ゆでしないで、そのまま煮て使いますので、スープとしてビタミンCの損失も少なくて済む、お勧めの一品です。
　バターと小麦粉を練り合わせ、ルーを作る時に電子レンジを活用してもOKです。

ロールキャベツ
ホワイトソース

- 調理時間 25分
- 子ども1人分 169kcal
- 栄養バランス
- 最も効率良く摂取できる栄養素 ビタミンC
- 比較的効率良く摂取できる栄養素 ビタミンA
- 注目すべき栄養成分 食物繊維

■ 材料（4人分）

キャベツ　6枚（400g）
A　玉ねぎ　1/2個（100g）
　　鶏ひき肉　200g
　　片栗粉　小さじ2 1/2
　　にんじん　1/4本（50g）
　　塩　少々
コンソメ　1 1/4個
牛乳　1 1/4カップ
片栗粉　大さじ1 2/3
飾り用ゆでにんじん　少々

■ 作り方

①キャベツは熱湯でゆで、しんなりとさせる。
②玉ねぎ、にんじんはみじん切りにし、Aのほかの材料と混ぜ合わせる。
③①で②を包む。（大人1人2個、子ども1人1個）
④鍋に水1カップとコンソメを煮立て、③を煮る。
⑤中まで火が通ったら、牛乳を加え、ひと煮する。
⑥ロールキャベツは取り出し、鍋に残った煮汁を煮立て、倍量の水で溶いた片栗粉を加え、とろみがついたら火を止める。
⑦器に盛りソースをかけ、飾り用にんじんを飾る。

キャベツ

多くの栄養素が抵抗力の強い子に育ててくれる

　古代ギリシャの頃からキャベツは薬用として食されていました。東洋医学でも、キャベツには五臓六腑の機能を養う野菜であるという考え方があります。
　確かにキャベツはほかの葉菜類に比べても健康に大切な栄養素を豊富に含んでいます。ひとつはビタミンCで、100g中に44mgと四訂食品成分表に示されています。ビタミンCが不足すると傷が治りにくくなったり、ウィルスによる感染症にかかりやすくなります。よくケガをする、わんぱくな子には、とくに食べさせてあげたい食材です。ビタミンCは外側の緑色の濃い部分に最も多く、ついで多いのは芯の周辺の葉の部分です。調理によって損失しやすいのがビタミンCの性質の一つで、これは水に溶け出して失われるからですが、キャベツはアクが少ないので、ゆでこぼすことがなく、

汁も一緒に活用しますから損失は少なくてすみます。抗潰瘍性作用のあるビタミンUが含まれるのもキャベツの特徴です。

コ・ラ・ム

ロールキャベツの作り方

　キャベツをゆでるのは、包みやすくするためです。しんなりすればOK。ゆで過ぎないことが大切です。ビタミンの損失になります。

　煮る時は巻き終わりを下側にして鍋に入れて煮れば、広がる心配はありません。もちろん楊枝で止めても良いでしょう。

紫キャベツくるみサラダ

| 調理時間 | 10分 |
| 子ども1人分 | 79kcal |

栄養バランス
最も効率良く摂取できる栄養素　ビタミンC

■材料（4人分）
紫キャベツ　1/4個（150g）
レタス　3〜4枚（100g）
くるみ　25g
コーン（缶）　25g
マヨネーズ　大さじ1 2/3
塩　少々

■作り方
①紫キャベツとレタスは千切りにする。
②くるみは粗みじんにする。
③ボールに①、②、コーンを入れ、マヨネーズで和え、塩で味を調える。

いま話題のポリフェノールの一種、アントシアンを含有

紫色の美しい色はアントシアンと呼ばれる色素で、この成分は、現在注目されているポリフェノールでもあります。赤ワインが発ガン予防や心疾患予防の働きがあることでブームになりましたが、これは赤ぶどうに含まれるアントシアンによるものなのです。ワインを飲めない子どもにアントシアンを摂取させるには、紫キャベツは最適といえます。

この色素は酸と反応すると、美しい冴えた色に変化します。紫キャベツを、酢を用いたドレッシングで和えると美しくなるのはそのためです。しかし水溶性の色素ですから、長く置くと水の方に色が出てしまいます。和えたら、早めに食べるようにしましょう。

紫キャベツ

芽キャベツの肉巻き煮

- 調理時間 20分
- 子ども1人分 105kcal
- 栄養バランス
- 最も効率良く摂取できる栄養素 ビタミンC
- 注目すべき栄養成分 食物繊維

■ 材料（4人分）
芽キャベツ　10個（150g）
牛もも薄切り　250g
コンソメ　1 1/4個
塩　少々
片栗粉　小さじ2 1/2
ミニトマト　10個（150g）

■ 作り方
①芽キャベツはゆで、冷ましておく。
②牛肉をひろげ、芽キャベツを巻く。
③鍋に水2カップとコンソメを煮立て、②を巻き終りを下にして入れる。
④肉の色が変わったら、ひっくり返して全体に火を通す。
⑤肉巻きを取り出し、アクをすくったら、塩と倍量の水で溶いた片栗粉を加え、ソースを作る。
⑥器に半分に切った肉巻きとくし形に切ったミニトマトを盛り合わせ、⑤のソースをかける。

芽キャベツ

キャベツの3倍のビタミンCが骨や歯を丈夫にしてくれる

　キャベツよりアクが強いので、さっとゆがいて用いますが、その際、多少ビタミンCの損失があります。しかし、元来ビタミンCはキャベツの3倍も多く、β-カロテンも多い緑黄色野菜の一つです。ビタミンCは、免疫力を高めるだけでなく、毛細血管や歯、軟骨などを丈夫にする作用もあります。
　かわいい形を活かして、子どもが喜ぶよう調理してあげましょう。

きゅうりといかの しょうゆ炒め

| 調理時間 | 10分 |
| 子ども1人分 | 70kcal |

栄養バランス
| 最も効率良く摂取できる栄養素 | ビタミンC |
| 比較的効率良く摂取できる栄養素 | ビタミンE |

■ 材料（4人分）
- きゅうり　1 1/2本（150g）
- いか　1枚（150g）
- 赤ピーマン　1/4個（50g）
- ヤングコーン　4〜5本（25g）
- ごま油　大さじ1 2/3
- しょうゆ　大さじ1 2/3
- 塩　少々

■ 作り方
① きゅうりは一口大の乱切り、いかは短冊形、赤ピーマンは細切りにする。ヤングコーンはさっとゆで、一口大に切る。
② フライパンにごま油を熱し、いか、きゅうり、赤ピーマン、コーンの順に炒める。
③ いかの色が変わったら、しょうゆ、塩を加え、味を調える。

きゅうり

水分が利尿効果を発揮し、むくみやだるさを解消してくれる

　本来は夏野菜ですが、ハウス栽培が盛んとなり、一年中店頭にあるので活用しやすくなりました。
　きゅうりは生育する過程で表面に白い粉が吹いてきますが、これはきゅうり自身の水分の蒸散を防ぐために自然に生ずる粉で、ブルームと呼ばれます。ところが、これを農薬と間違えて嫌がる消費者が増えたために、ブルームの出ない、いわゆるブルームレスきゅうりが開発され、現在はほとんどがこの品種に変わってしまいました。その結果、きゅうりの香りや甘味が失われ、本来のおいしさが少なくなりました。
　きゅうりにはビタミンCが10〜15mg/100g含まれます。また、アスコルビナーゼというビタミンCを酸化してしまう酵素も含まれますが、実際にはそれを心配する必要はあ

りません。糠味噌漬けにすると、糠床のビタミンB₁が移行して栄養価が高くなります。きゅうりは90％以上が水分ですので、利尿効果があり、むくみやだるさを解消してくれます。

コ・ラ・ム

いかを炒めるポイント

　この料理に使う野菜はすべて生でもいただけるものばかりです。いかは炒め過ぎるとかたくなります。強火でさっと手早く炒めることが、この料理のポイントです。

　味付けの調味料、しょうゆと塩はあらかじめ準備しておくことが手早くするコツです。

ごぼうのミルクスープ

- 調理時間 / 20分
- 子ども1人分 / 194kcal
- 栄養バランス
- 最も効率良く摂取できる栄養素 / ビタミンB$_2$
- 比較的効率良く摂取できる栄養素 / カルシウム　ビタミンA
- 注目すべき栄養成分 / 食物繊維

■材料 (4人分)

ごぼう　1 1/2本（150g）
玉ねぎ　1/2個（100g）
ベーコン　2 1/2枚（50g）
バター　大さじ1 2/3
コンソメ　1 1/4個
牛乳　3 1/2カップ

■作り方

①ごぼうはささがきにし、水にさらし、よく水気を切る。
②玉ねぎは薄切り、ベーコンは細切りにする。
③鍋にバターを溶かし、①と②を炒める。
④しんなりとしたら、水1 1/2カップとコンソメを加える。
⑤ひと煮立ちしたら牛乳を加え、ごぼうがやわらかくなるまで煮る。

ごぼう

豊富な食物繊維がお腹をきれいにしてくれる

　香りと独特の歯触りに特徴があります。ごぼうは栄養素よりも食物繊維の供給源として役立つ野菜。かつて繊維と呼んでいた成分は、セルロースやヘミセルロースなどでしたが、現在ではごぼうに多く含まれるリグニン、果実に多いペクチン、海草に多いアルギン酸なども含めて食物繊維と呼んでいます。これらは体内で消化吸収されず、消化器管内を通過する成分ですが、その過程で好ましいさまざまな生理作用を発揮します。そのおもな働きは、便秘予防、血中コレステロールの抑制、糖尿病予防、肥満予防、大腸ガン予防などです。食物繊維は機能性成分の代表的なもの。「便秘にごぼう」と昔からいわれているのは、この食物繊維の働きがあるからです。
　このごぼうの繊維のかたさを嫌う子どもが多いようですが、紹介しているレシピのように、

スープにしたり、細かく切るなど食べやすくする工夫をすると良いでしょう。
　ごぼうのアク成分はポリフェノールです。これにも発ガン予防効果があるとされています。

コ・ラ・ム

ごぼうの下ごしらえ

　ごぼうはピーラーを使えばきれいにささがきができますが、薄切りでもOKです。また、水にさらし過ぎないようにしてください。香りが抜けてしまうのと同時に、アク成分であるポリフェノールも一緒に損失してしまいます。
　ささがきの場合、1～2分程度さらせば充分です。

小松菜のしらす和え

|調理時間|10分|
|子ども1人分|40kcal|

栄養バランス
|最も効率良く摂取できる栄養素|ビタミンA|
|比較的効率良く摂取できる栄養素|カルシウム　ビタミンC, D|

■ 材料 (4人分)
小松菜　1/2束 (200g)
しらす　50g
A　しょうゆ　小さじ2 1/2
　　砂糖　大さじ1 2/3
　　酢　小さじ2 1/2
　　だし　大さじ1 2/3

■ 作り方
① 小松菜は熱湯でゆで、水にとり、よく水気を絞って2cm長さに切る。
② Aの材料を混ぜ合わせ、①、しらすを和える。

小松菜

丈夫な骨を作り、情緒を安定させてくれるカルシウム

　緑黄色野菜の代表格。β-カロテン、ビタミンCが多く含まれます。また、カルシウム、鉄などのミネラルが多いのも特徴。含有される成分はほうれん草に似ていますが、カルシウムは小松菜の方が多く、しかも吸収率も良いのです。カルシウムは成長期の子どもに欠かせない栄養素。骨を作り、イライラを防止する働きがあります。とくに、牛乳嫌いの子には、小松菜をたくさん食べさせてあげましょう。アクが少ないのでゆでずに直接調理できますから、ビタミ

小松菜と桜えびのチーズ炒め

| 調理時間 | 15分 |
| 子ども1人分 | 103kcal |

栄養バランス
| 最も効率良く摂取できる栄養素 | ビタミンA　カルシウム |
| 比較的効率良く摂取できる栄養素 | ビタミンC |

■ 材料（4人分）
小松菜　1/2束（200g）
桜えび　15g
油　小さじ2 1/2
とろけるチーズ　100g
塩　少々

■ 作り方
①小松菜は熱湯でさっとゆで、水にとり、よく水気を絞って2cm長さに切る。
②フライパンに油を熱し、①、桜えびをひと炒めし、塩をふる。
③②の上にとろけるチーズをのせ、フタをし、弱火でチーズが溶けるまで加熱する。

ンCの損失も少なく利用できます。β-カロテンは油に溶けて吸収されるので、油を用いた料理が効果的です。
　葉菜類は冷蔵保存しても徐々にビタミンCが損失されます。ほうれん草はとくに損失しやすいのですが、小松菜のビタミンCはあまり損失されません。5℃の冷蔵庫で1週間保存した場合、損失はわずか10％程度です。

空豆とハムの かき揚げ

- 調理時間 / 15分
- 子ども1人分 / 226kcal
- 栄養バランス
- 最も効率良く摂取できる栄養素 / ビタミンE
- 比較的効率良く摂取できる栄養素 / ビタミンB_1

■材料 (4人分)

空豆　100g（皮つき・正味75g）
ロースハム　2 1/2枚（50g）
衣　小麦粉　100g
　　卵　60g
　　水　140g
揚げ油　適宜
ケチャップ　大さじ1 2/3

■作り方

①空豆はゆでて皮を除く。ハムは細切りにする。
②衣の材料を混ぜ合わせ、①にからめ、180℃に熱した油でカラリと揚げる。
③皿に盛り、ケチャップを添える。

空豆

ビタミンB群とミネラルが豊富、とくに亜鉛が豊富で味覚障害を防いでくれる

お多福に似ているのでお多福豆、空にサヤが突き出すから空豆というように、呼び名や書き方がさまざまある、おもしろい豆です。

主成分はデンプンで、これは野菜としては珍しいことです。つまり、エネルギー源としても役立つ野菜なのです。また、タンパク質が多いのも特徴的。現在は肉、魚、卵などタンパク質の供給源となる食品が多くありますから、摂取しやすい栄養素ですが、しかし、一つの野菜から10％以上も摂取できることは注目されます。さらに、ビタミンB_1、B_2、Cなどのビタミンが多く、とくにビタミンB_1は枝豆と同程度で0.35mg/100gと多く、B_2も0.23mg/100gと豊富です。ビタミンB_2は、不足すると口内炎などになりやすくなります。卵には多く含まれますが、比較的摂取しにくいビタミンですので、空豆は大切な供給源の一つです。

コ・ラ・ム

かき揚げを上手に揚げるコツ

　空豆は後で揚げるので、かためにゆでるようにしてください。衣と具は充分絡めておくことがかき揚げの場合、大切になります。油は深い鍋にたっぷり入れるより、浅手の鍋で揚げるのがお勧めです。深い鍋で揚げると油っぽく仕上がる原因になります。決して揚げる温度は180℃以上にしないでください。あまり高いと、かき揚げが散ってしまい、まとまりません。

　ミネラルとして亜鉛が多いのも特徴で、これが不足気味で味覚障害を起こす若者が増えているとの報告があります。豊かな味覚でさまざまな食を楽しめるような体を作ることが大切です。

大根葉じゃこソテー

- 調理時間 7分
- 子ども1人分 87kcal
- 栄養バランス
- 最も効率良く摂取できる栄養素　カルシウム　ビタミンA
- 比較的効率良く摂取できる栄養素　ビタミンC　鉄

■ 材料（4人分）
大根の葉　約1本分（正味150g）
じゃこ　50g
ごま油　大さじ1 2/3
ごま　小さじ2 1/2
しょうゆ　大さじ1 2/3

■ 作り方
①大根の葉はざく切りにする。
②フライパンにごま油を熱し、大根の葉、じゃこ、ごまを炒める。
③大根の葉がしんなりとしてきたら、しょうゆを加え、炒め合わせる。

大　根

アミラーゼとシニグリンのダブル効果で消化を助けてくれる

　古くは「オオネ」、「スズシロ」とも呼ばれていました。春の七草の一種です。
　葉の方は緑黄色野菜、根の方は淡色野菜です。栄養価は葉の方が高いのですが、根にもビタミンCが15mg/100g程度含まれます。また、デンプンを分解する酵素のアミラーゼが含まれるので、主食であるご飯と大根おろしを用いた料理の組み合わせは大変優れた食べ方なのです。
　大根おろしのおいしさを引き立たせるには特有の辛味も必

大根おろしなめたけ和え

| 調理時間 | 7分 |
| 子ども1人分 | 18kcal |

栄養バランス
比較的効率良く摂取できる栄養素　ビタミンC

■ 材料（4人分）

- 大根　5〜6cm（200g）
- なめこ　1袋（100g）
- きゅうり　1/4本（25g）
- しょうゆ　小さじ2 1/2
- 砂糖　小さじ2 1/2

■ 作り方

① 大根はおろし、軽く水気を切っておく。なめこはさっとゆで、きゅうりはあられに切る。
② しょうゆ、砂糖を混ぜ合わせ、大根おろしに混ぜ、なめこ、きゅうりと和える。

要。この辛味成分はシニグリンという成分によるのですが、これが食欲をそそり、結果として消化酵素の分泌を良くしますから、この点からも消化の良い野菜ということになります。辛味が強いのは1本の大根でも先の細い方で、そこはアミラーゼの働きも強い部分です。おろしで食べると以上のような好ましい効果が得られますが、コトコト煮た大根のおいしさも大切に味わいたいものです。

ラディッシュ甘酢漬け

- 調理時間 3分（漬け時間30分を含まない）
- 子ども1人分 18kcal
- 栄養バランス
- 注目すべき栄養成分 アントシアン

■材料（4人分）
- ラディッシュ 10個（100g）
- A 酢 1/4カップ
-   塩 小さじ1/2
-   砂糖 大さじ1 2/3
-   水 大さじ5

■作り方
① ラディッシュは葉と尾を除き、半分に切る。
② Aの材料を混ぜ合わせた中に、しばらく（30分以上）漬け、味をなじませる。
③ くし形に切って盛りつける。

ラディッシュ

ビタミンC、食物繊維が体の調子を整えてくれる

　二十日大根とも呼ばれるラディッシュは西洋大根の一種です。生長が早く、種を蒔いてから20日後には食べられるようになることから、この呼び方が生まれたようです。

　表皮の赤い色素は、アントシアンという成分で、これはポリフェノールの一種。この色素は酢などの酸と反応すると、美しい赤色になりますから、サラダなどに用いるのは効果的です。また、色だけでなく、形のかわいさも活かして調理してみましょう。

ラディッシュのツナ和え

- 調理時間 5分
- 子ども1人分 77kcal
- 栄養バランス
- 最も効率良く摂取できる栄養素 ビタミンE
- 注目すべき栄養成分 アントシアン

■ 材料（4人分）
ラディッシュ　10個（100g）
きゅうり　2/3本（75g）
ツナ缶　1缶（100g）
マヨネーズ　小さじ2 1/2

■ 作り方
①ラディッシュ、きゅうりは厚めのいちょう切りにする。
②①とツナ、マヨネーズを混ぜ合わせる。

　栄養素としてはビタミンCが含まれます。赤い皮の部分も一緒に利用するので、食物繊維が多く摂取できます。しかし、かぶや大根のように1回に食べる量はあまり多くありません。
　美しい色とともに、辛味成分が食欲をそそり、結果として消化酵素の分泌が促進されますので、消化の良い食べ方ができます。

オニオングラタンスープ

- 調理時間 25分
- 子ども1人分 153kcal
- 栄養バランス
- 比較的効率良く摂取できる栄養素 カルシウム ビタミンA

■ 材料（4人分）
玉ねぎ　2 1/2個（500g）
油　大さじ1 2/3
コンソメ　1 1/4個
塩　少々
フランスパン　75g
とろけるチーズ　50g
パセリ　少々

■ 作り方
①玉ねぎは粗みじんに切り、油をよく熱した鍋で焦がさないようにきつね色になるまでよく炒める。
②水3 3/4カップとコンソメを加え、ひと煮立ちしたら塩で味を調える。
③耐熱容器に入れ、フランスパンととろけるチーズをのせて、230℃に熱したオーブンで8分間焼く。
④チーズがとろけたら、刻みパセリを散らして、出来上がり。

玉ねぎ

硫化アリルがビタミンB_1の吸収を良くし、丈夫な体に…

　紀元前15世紀のエジプトの古文書に、ピラミッド建設の労働者が玉ねぎを食べたという記録があるそうです。確かに労働する場合には都合の良い野菜といえます。辛味のある刺激成分は硫化アリルというものですが、この硫化アリルの中にはビタミンB_1の吸収を良くし、効率良くB_1が摂取できる成分が含まれます。硫化アリルには多くの種類があるのですが、中でもアリインという硫化アリルは酵素の働きでアリシンに変化、このアリシンとビタミンB_1の結合したアリサイアミンが吸収の良い形なのです。ビタミンB_1は糖質からエネルギーを生成する際に必要なビタミンです。つまり体力の増強に欠かせないビタミンといえるでしょう。B_1が充分摂取されないと不眠症になったり、精神状態が不安定になったりします。もちろん疲れやすくもなります。
　また、玉ねぎは食物繊維の供給源としても役立っています。

コ・ラ・ム

玉ねぎの炒め方

　玉ねぎは加熱することで甘味が出てきます。炒める時は最初は強火で、透き通ってきたら、中火にしてきつね色までゆっくり炒めます。ずっと強火のまま炒めると、すぐ焦げてきてムラができます。じっくり炒めてください。オニオングラタンスープは玉ねぎがうまく炒められたかどうかで味が随分違います。たっぷり炒めて冷凍しておけば、保存がきき、カレーなどにも使えます。

たけのこのおかか煮

| 調理時間 | 10分 |
| 子ども1人分 | 51kcal |

栄養バランス
| 注目すべき栄養成分 | 食物繊維 |

■ 材料（4人分）
たけのこ　200g
しょうゆ　大さじ2 1/2
みりん　大さじ2 1/2
かつお節　3パック（15g）

■ 作り方
①たけのこはよく洗い、一口大に切る。
②鍋にだし1 1/4カップ、しょうゆ、みりんを煮立て、たけのこを加える。
③煮汁が少なくなってきたら、かつお節を加え、まぶす。

たけのこ

有害な化学物質を排出してくれるセルロース

　食べ物から季節感が失われていく中で、たけのこはまさに春を代表する野菜です。一般に利用しているのは孟宗竹の子ですが、そのほかにまだけ、はちくなども食用とします。

　特有の歯ごたえと旨味に特徴があります。掘りたては甘味があって、アクが少ないので、そのまま生で薄切りにしてわさびしょうゆで刺身のように食べることができます。時間が経つと甘味が失われてアクが強くなります。

　このアクの成分はホモゲンチヂン酸や蓚酸などです。とくに子どもが嫌うたけのこのえぐみは、ホモゲンチヂン酸が原

たけのこの白味噌焼き

|調理時間|10分|
|子ども1人分|54kcal|

栄養バランス
|注目すべき栄養成分|食物繊維|

■ 材料（4人分）
たけのこ　200g
A　白味噌　大さじ3 1/3
　　みりん　大さじ1 2/3
青のり　少々

■ 作り方
①たけのこはよく洗い、一口大に切る。
②Aを混ぜ合わせ、たけのこにぬり、230℃に熱したオーブンで5～6分焼く（オーブントースターでもOK）。
③お皿に盛り、青のりをのせる。

因。米糠や米のとぎ汁でゆでると、えぐみは少なくなります。
　たけのこの旨味には種々のアミノ酸が関係しています。ゆでたたけのこを切った時、白い結晶が出ていることがありますが、これはアミノ酸の一種のチロシンです。成分としては食物繊維が多いのが特徴で、とくに水に溶けないセルロースが多く含まれますから、整腸作用や大腸ガン予防の効果が大きいのです。

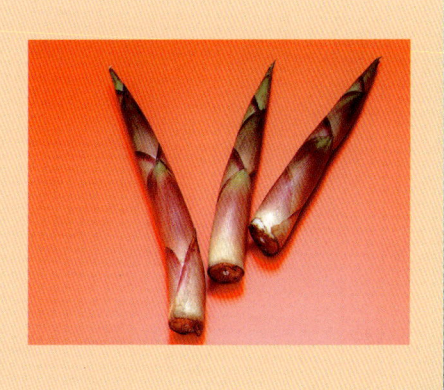

つまみ菜の卵とじ

- 調理時間 / 7分
- 子ども1人分 / 112kcal
- 栄養バランス
- 最も効率良く摂取できる栄養素 / ビタミンA　鉄
- 比較的効率良く摂取できる栄養素 / ビタミンB_2、C　カルシウム

■材料（4人分）

- つまみ菜　1袋（150g）
- 卵　5個
- A　だし　2カップ強
　　しょうゆ　大さじ2 1/2
　　みりん　大さじ1 2/3
　　砂糖　小さじ2 1/2

■作り方

①つまみ菜は大きければざく切りにする。
②鍋にAの材料を煮立て、つまみ菜を加える。
③ひと煮立ちしたら、溶き卵を加えフタをし、好みの固さになったら、火を止める。

つまみ菜

イライラを抑え、キレない子にするカルシウム

　かつては、大根、白菜などの種子を蒔いて芽が出た時に間引いたものでしたが、現在はつまみ菜専用に栽培されています。雪白体菜（セッパクタイナ）の発芽した幼植物を刈り取って袋詰めにして出荷されているのです。ハウス栽培で、夏は種を蒔いて2週間後、春は1カ月後で収穫できます。

　緑色の葉の部分を利用するので、β-カロテンやビタミンCが多く、緑黄色野菜に入ります。ミネラルとしてはカルシウム、鉄が非常に多く含まれます。軟弱にみえますが、栄養的には素晴らしい野菜です。また、食物繊維の供給源ともなります。比較的見落しがちな存在ですが、もっと多く活用したい野菜なのです。卵とじなら、たくさん用いても子どもに食べやすく彩りも美しいので、良く合います。保存性があまりありませんので、新鮮なものを求め、早めに利用するようにしましょう。冷蔵保存してもビタミンCが損失されやすい野菜です。

コ・ラ・ム

卵とじは火加減が大切

　つまみ菜はさっと火が通ればOKです。鍋にあらかじめ調味料を入れ、沸騰したところにつまみ菜を入れるのがコツになります。

　卵を流し入れたら、弱火にすることが大切です。強火のままでは、卵に火が入り過ぎて、ふわっと仕上がりません。

中華風コーンスープ

- 調理時間 10分
- 子ども1人分 108kcal

栄養バランス
- 最も効率良く摂取できる栄養素 ビタミンB₂
- 比較的効率良く摂取できる栄養素 ビタミンA　鉄

■ 材料（4人分）

クリームコーン（缶）　250g
卵　大2個（125g）
鶏ガラスープの素　小さじ2 1/2
片栗粉　大さじ1 2/3
あさつき　少々

■ 作り方

① 鍋に水3 3/4カップと鶏ガラスープの素を煮立て、クリームコーンを加える。
② ひと煮立ちしたら、倍量の水で溶いた片栗粉を加え、ゆるくとろみをつける。
③ 溶き卵を流し入れ、かき卵にする。
④ 器に盛り、小口に切ったあさつきを散らす。

スイートコーン

体と心の正常な発達に欠かせない亜鉛が豊富

とうもろこしには種類がいろいろありますが、その中でも甘味が強く、未熟なうちに野菜として食されているのがスイートコーンです。一般の野菜と異なって、デンプン、タンパク質、脂質なども含まれます。つまり、穀類のような性質をもつ野菜です。ビタミンB₁、B₂なども多い方です。また、ミネラルとしては亜鉛が多いのも特徴的。亜鉛は過剰に摂取すると、害が出てきますが、食べ物から摂取する場合は過剰になることはありません。現在の日本人には摂取不足の傾向がみられます。不足すると、成長障害、精神障害、味覚障害などが生じますので、成長期にはとくに必要な栄養素なのです。

コ・ラ・ム

溶き卵を入れるタイミング

　スイートコーンの缶詰はゆでた時に水溶性のビタミンB群が流失していますが、クリーム状のものは汁ごと利用できて損失も少なくてすみます。

　片栗粉で先にとろみをつけてから溶き卵を入れた方が、卵がふわっと仕上がります。また、沸騰したところに流し入れるようにしてください。そうしないとスープが濁る原因を作ってしまいます。

チーズ焼きトマト

- 調理時間 10分
- 子ども1人分 52kcal

栄養バランス
- 最も効率良く摂取できる栄養素 ビタミンA
- 比較的効率良く摂取できる栄養素 ビタミンC

■ 材料（4人分）
トマト　大1個（250g）
とろけるスライスチーズ　2 1/2枚（50g）
ピーマン　1/2個（15g）
うずらの卵　2 1/2個（25g）

■ 作り方
① トマトは厚めの半月に切り、スライスチーズは4等分にする。ピーマンはヘタと種を除いて輪切りに、うずらの卵はゆでて輪切りにする。
② トマトの上にチーズ、ピーマン、うずらの卵をのせ、200℃に熱したオーブン（またはオーブントースター）で、チーズがとろけるまで約5～6分焼く。

トマト・ミニトマト

リコペンやビタミンC、β-カロテンが免疫力を高めてくれる

　現在では一年中店頭に並んでいますが、本来は代表的な夏野菜です。天候に恵まれた夏のトマトは栄養価が高く味も良好です。
　赤い色が美しく食欲をそそりますが、この色素はカロテノイド系の色素で、おもにリコペンという成分です。リコペンにはβ-カロテンのようなビタミンA効力はまったくありませんが、機能性成分として注目されています。発ガン予防効果はβ-カロテン以上にあるとの研究報告も多くあるのです。β-カロテンも含まれますから、トマトは緑黄色野菜。ビタミ

ミニトマトの
クリームチーズサラダ

- 調理時間 10分
- 子ども1人分 129kcal
- 栄養バランス
- 最も効率良く摂取できる栄養素 ビタミンA
- 比較的効率良く摂取できる栄養素 ビタミンC

■材料（4人分）
ミニトマト　10個（150g）
クリームチーズ　100g
グリーンアスパラガス　1/3束（50g）
コーン（缶）　50g
サラダ菜　5枚（25g）
A　油　大さじ1 2/3
　　酢　大さじ1 2/3
　　塩　少々
　　こしょう　少々

■作り方
①ミニトマトはヘタを除き、くし形に切る。クリームチーズはサイコロ状に切り、アスパラガスはゆでて1cm長さに切る。
②Aの材料を混ぜてドレッシングを作り、①、コーンを和える。
③サラダ菜を敷いたお皿に盛りつける。

ンCは20mg/100gほど含まれます。しかし、年間を通じて測定した店頭のトマトのビタミンC含有量は、平均12mg/100gでした。ハウス栽培ではむしろビタミンCの多いトマトを作る技術があります。
　ミニトマトは普通のトマトよりビタミンCが多く30mg/100gというのが一般的です。調理法などに応じて、トマト、ミニトマトをうまく使い、効率良く栄養素を摂取しましょう。

なすのひき肉はさみ揚げ

- 調理時間 15分
- 子ども1人分 184kcal

栄養バランス
- 最も効率良く摂取できる栄養素 ビタミンB_1
- 比較的効率良く摂取できる栄養素 ビタミンE

■ 材料(4人分)

なす　5本(300g)
豚ひき肉　150g
玉ねぎ　1/2個(100g)
塩　少々
こしょう　少々
片栗粉　適宜
揚げ油　適宜

■ 作り方

① なすはヘタを除き、1cm厚さの輪切りにする。
② 玉ねぎはみじん切りにし、豚肉、塩、こしょうとよく混ぜる。
③ なすに片栗粉をまぶしながら、②をはさむ。
④ 170℃に熱した油で③を揚げる(好みでケチャップやしょうゆを添える)。

なす

ポリフェノールが細胞を傷つける活性酸素を撃退

　大きさや形の違いによって品種がたくさんあります。美しい紫色が食欲をそそりますが、この色素はアントシアンです。これは化学構造の上からポリフェノールです。

　なすを切って放置すると褐変してしまいますが、これは肉質部に含まれるポリフェノールが酸化されて生じた色なのです。肉質部の方に含まれるポリフェノールはフラボノイド系の色素によります。なすは皮にも肉質部にもポリフェノールが多いのです。ガン予防に効果のある野菜のトップ級になすがあげられますが、その理由はこのような成分に関係しているのです。なすには目立つ栄養素は含まれていないので、従来栄養的にはあまり評価されていなかったのですが、現在は機能性成分であるポリフェノールの存在が注目されています。

　糠味噌漬けになすを用いると糠床に多く含まれるビタミンB_1がなすに移行するので、より栄養価が高まります。しかし、塩分が加わるので、食べ過ぎないようにしましょう。

コ・ラ・ム

なすを揚げる時の注意点

　なすに含まれるポリフェノールは水に溶け出ますが、油には溶けません。揚げる時は切ってすぐ揚げること。肉団子の準備をしてから、なすの処理をするのが手早く料理をするポイントです。なすを切って水にさらす必要もありません。
　なすは吸油率の高い野菜です。大きく切って揚げることで、ある程度吸油量は減らせます。

にらの卵入りお焼き

- 調理時間 15分
- 子ども1人分 171kcal
- 栄養バランス
- 最も効率良く摂取できる栄養素 ビタミンA
- 比較的効率良く摂取できる栄養素 ビタミンE　カルシウム

■ 材料（4人分）
- にら　1 1/2束（150g）
- 卵　1/2個
- 小麦粉　1カップ強（125g）
- 桜えび　25g
- 油　大さじ1 2/3
- ソース　1/4カップ

■ 作り方
① にらは5mm長さに切る。
② 小麦粉、卵、水3/4カップを合わせた中に、にら、桜えびを加える。
③ フライパンに油を熱し②を焼く。
④ お皿に盛り、ソースをかける。

にら

豊富なβ-カロテンが、風邪を予防し、丈夫な体にしてくれる

　にらは、ねぎ、玉ねぎ、らっきょう、あさつき、にんにくなどと同じ仲間の野菜です。
　とくにβ-カロテン含有量が多いので、ビタミンAの供給源となり、また、発ガン予防の効果も期待できます。ビタミンC、Eも多く、とくにEの含有量が多いのが特徴的です。ビタミンA、C、Eの3成分が一緒に摂取されると発ガン予防の効果は、さらに大きくなることが報告されています。ミネラルとしてはカルシウム、カリウムが多く含まれます。カルシウムは骨の成分として大切なだけでなく、精神の安定にも欠かせない栄養素です。カリウムは多くの食品から摂取されますが、調理による損失が非常に多いのです。カリウム不足は高血圧の原因になります。
　特有の刺激成分は硫化アリルによるもので、この中にはビタミンB_1の吸収を良くするアリインが含まれています。
　にらは保存性があまり高くありませんので、買い求めたら早めに使いましょう。

コ・ラ・ム

お焼きのきれいな焼き方

　具の多いお焼きです。焼きやすくするため、具と衣がよく混じるよう、にらを小さめに切ることがポイントです。
　フライパンはよく熱しておきましょう。最初は強火で、全体に広げ、少々色付いてきたら、弱火にしてふたをし、蒸し焼きにします。表面が乾いて裏返しやすくなったら、さっと返して焼き上げます。

にんじんのごま和え

- 調理時間 5分
- 子ども1人分 60kcal
- 栄養バランス
- 最も効率良く摂取できる栄養素 ビタミンA
- 比較的効率良く摂取できる栄養素 カルシウム

■ 材料（4人分）
にんじん　小1本（150g）
A　すりごま　大さじ3 1/3
　　砂糖　大さじ1 2/3
　　しょうゆ　小さじ2 1/2
塩　少々

■ 作り方
①にんじんは千切りにし、塩をふってしんなりとさせる。
②Aの材料を混ぜ合わせ、①を和える。

にんじん

豊富なβ-カロテン、ビタミンAが眼や皮膚を健康にしてくれる

　にんじんは英語でキャロットといいますが、それはカロテンに由来する名前だそうです。このようにカロテンの多い野菜の代表格。とくにβ-カロテンが多いので、ビタミンA効力が大きく、代表的な緑黄色野菜です。
　ビタミンAには粘膜や皮膚を健全に保つ働きがあり、風邪の予防、肌あれ防止に欠かせません。また、眼の働きにも不可欠の栄養素です。
　β-カロテンはビタミンAの働き以外に機能性成分として発ガン予防、老化防止、心疾患防止の働きがあることで注目されています。
　にんじんの皮の色が濃ければβ-カロテンも多いということではありません。輪切りにした時、中心の淡い色の部分が少なく、周辺の赤い色の濃い部分が多ければβ-カロテンが多いと判断できます。ちなみに、京にんじんには、リコペンが多く含まれます。

コ・ラ・ム

にんじんの上手な食べ方

　にんじんのカロテンは色の濃い外側に多く含まれます。皮を薄くむくのがポイントです。

　油と一緒に摂ると、カロテンの吸収を高めます。ゴマに含まれる脂肪がその役割をしてくれます。この料理だけで1日に必要なビタミンAが半分以上も摂れます。

　塩で軽くもみ、和えるだけの簡単な料理。もう一品増やしたい時にはお勧めです。

ねぎのホワイトソースグラタン

調理時間	20分
子ども1人分	118kcal

栄養バランス
比較的効率良く摂取できる栄養素　ビタミンA　カルシウム

お通じを良くする食物繊維がいっぱい

ねぎ

関東では、ねぎといえば白い部分の長い根深ねぎが一般的ですが、関西では葉ねぎが主体です。現在は地域差はなくなって、年間通じて根深ねぎも葉ねぎも市販されています。

栄養価は緑色の濃い部分の方が優れていて、ビタミンC、β-カロテン、鉄、カルシウムなどが多い緑黄色野菜です。

白い部分はβ-カロテンはまったく含まれず、ビタミンCも少ないのですが、特有の刺激成分となめらかな舌触りのある甘味成分が含まれます。刺激成分は硫化アリルですが、この中にはビタミンB_1の吸収を良くするアリシンもわずかに含まれますが、この成分はおもににんにくに含まれるのです。ねぎの甘味成分は炭水化物ですが、体内で消化吸収されない炭水化物が主で、食物繊維の一種。食物繊維の内容には多少違いがありますが、葉の方にも白い部分にも多く含まれます。

■ 材料（4人分）

長ねぎ　1 1/2本（150g）
ロースハム　2 1/2枚（50g）
バター　大さじ1 2/3
ホワイトソース　小麦粉　大さじ1 2/3
　　　　　　　　バター　大さじ1 2/3
　　　　　　　　牛乳　1 1/4カップ
　　　　　　　　塩　少々
パン粉　大さじ1 2/3

■ 作り方

①ねぎ、ハムは細切りにし、バターを熱したフライパンでさっと炒める。

②耐熱容器にホワイトソースのバターを入れ、電子レンジにかけて溶かす。小麦粉を加えてよく練り合わせたら、牛乳を1/2程加えて電子レンジで1分程加熱する。

③取り出してかき混ぜ、残りの牛乳を足して再度電子レンジで30秒程加熱する。"取り出してかき混ぜ、再度30秒加熱"を2～3回繰り返す。

④とろみがついたら、塩を加えて、ホワイトソースの出来上がり。

⑤グラタン皿に①を盛り、ホワイトソースとパン粉をのせて、230℃に熱したオーブンで8～10分程焼く。

コ・ラ・ム

電子レンジで簡単ホワイトソース作り

　ねぎは加熱することで、辛味が甘味成分に変わります。また、炒めることでも甘味が加わり、とろりとした歯触りとともにおいしくなります。

　ホワイトソースを電子レンジで作ると簡単です。最初に溶かしたバターと小麦粉はしっかり混ぜておいてください。だまができてなめらかなソースができません。取り出して、かき混ぜ、またレンジにかける作業は丁寧にしましょう。手を抜くと粉っぽいホワイトソースになってしまいます。

白菜とみかんのサラダ

| 調理時間 | 7分 |
| 子ども1人分 | 58kcal |

栄養バランス
最も効率良く摂取できる栄養素　ビタミンC

■ 材料（4人分）
白菜　2枚（150g）
みかん　2個（正味80g）
A　酢　大さじ1 2/3
　　油　大さじ1 2/3
　　パセリ　少々
　　塩　少々

■ 作り方
①白菜は細切りにし、みかんは小房に分け薄皮もむく。
②みじん切りにしたパセリとAの材料を混ぜ合わせドレッシングを作り、①を和える。

白菜

健やかな発育に欠かせないビタミンCや食物繊維

　冬野菜の代表格。冬といえば鍋料理に欠かせないのが白菜です。
　葉の緑色部にはβ-カロテン、ビタミンC、カルシウムなどが多く、白い部分はビタミンC、食物繊維の供給源となります。
　結球している白菜の部位別にビタミンCの含有量をみると、最も多いのは外側の緑色の濃い葉の部分ですが、次に多いのは中央の芯の先端周辺なのです。やわらかく利用しやすい葉の部分ばかりでなく、白い芯の部分も上手に活用したいもの

白菜の甘酢炒め

- 調理時間　10分
- 子ども1人分　124kcal
- 栄養バランス
- 最も効率良く摂取できる栄養素　ビタミンA, C

■ 材料（4人分）

白菜　3〜4枚（250g）
にんじん　1/4本（50g）
ピーマン　2個（50g）
しいたけ　5枚（50g）
ウインナー　5本（75g）
油　大さじ1 2/3
A　ケチャップ　大さじ3 1/3
　　酢　大さじ1 2/3
　　砂糖　大さじ1 2/3
　　しょうゆ　小さじ2 1/2

■ 作り方

① 白菜はざく切り、にんじんは短冊、ピーマンは細切り、しいたけは石づきを除き4〜6等分に切る。ウインナーは斜め切りにする。
② フライパンに油を熱し、①を炒める。
③ 全体がしんなりとしたら、Aを混ぜたものを加え、炒め合わせる。

です。甘酢炒めにすると、やわらかくなって食べやすく、味も良好です。このような料理には芯の周辺も必ず活用しましょう。

　白菜にはキャベツのような甘味がなく、味が淡白ですから、どのような素材とも合う野菜です。切って売られているものは味や栄養価が劣りますから、できれば丸ごと1個買って、上手に使いこなす工夫をしたいものです。

れんこんのえびすり身はさみ揚げ

- 調理時間 15分
- 子ども1人分 79kcal

栄養バランス
- 最も効率良く摂取できる栄養素 ビタミンC
- 注目すべき栄養成分 食物繊維

れんこん

ポリフェノールと食物繊維が豊富、独特の歯ごたえがあごと咬む力を強くしてくれる

　日本種と中国種があり、現在は中国からの輸入品も多くなっています。

　れんこんは穴が空いていて「先が見通せる」ところから、縁起の良い食べ物とされており、おせち料理には欠かせない野菜です。昔から民間療法では健胃効果があるとして活用されてきました。

　切ったり皮をむいたりすると黒ずんできますが、これはポリフェノールが含まれていて、それが酸化したために生ずる変化です。れんこんを切ってすぐ水につけるのは、ポリフェノールの酸化を防ぐためなのです。

　ポリフェノールの供給源としての働きが大きいれんこんですが、ビタミンCも多く含まれます。55mg／100gの含有量と四訂食品成分表には示されています。

　食物繊維が多いことも優れている点です。比較的デンプンが多いので加熱し過ぎると、シャキッとした歯ごたえが失われます。形のおもしろさや歯触りを楽しめるような調理の工夫をしましょう。

■材料（4人分）
- れんこん　1ふし（200g）
- 片栗粉　適宜
- えびすり身　えび　5尾（100g）
  - 片栗粉　小さじ1強
  - 塩　少々
- 揚げ油　適宜

■作り方
① れんこんは1cm厚さに切り、水にさらし、よく水気を拭いて片栗粉をまぶす。
② えびは殻と背わたを除き、包丁で叩いて片栗粉と塩を混ぜる。
③ ①で②をはさみ、170℃に熱した油で揚げる（好みで塩、ケチャップ、しょうゆなどを添える）。

コ・ラ・ム

れんこんの下ごしらえ

　れんこんは、意外と多くビタミンCを含みます。また、そのアク成分にはポリフェノールが多く含まれることもわかっています。どちらも水に溶け出る成分です。切った後、水にさらし過ぎないことが大切です。また、油で揚げるのでアクも気にならなくなります。水にさらす時間は1～2分で充分です。

　シャキシャキした歯触りが決め手ですので、下ゆでする必要はありません。そのままえびすり身を挟んで揚げましょう。衣もほとんどつけないので、揚げ物でも低カロリーな一品です。

ピーマン・アーモンド・じゃこソテー

- 調理時間 / 7分
- 子ども1人分 / 104kcal
- 栄養バランス
- 最も効率良く摂取できる栄養素 / ビタミンE
- 比較的効率良く摂取できる栄養素 / ビタミンC, D　カルシウム

■ 材料(4人分)
- ピーマン　3～4個 (100g)
- アーモンド　25g
- じゃこ　25g
- 油　大さじ1 2/3
- しょうゆ　小さじ2 1/2
- はちみつ　大さじ1強

■ 作り方
① ピーマンはヘタと種を除き細切りにする。アーモンドは4ツ割りにする。
② フライパンに油を熱し、ピーマン、アーモンド、じゃこをさっと炒める。
③ しょうゆ、はちみつを加え、炒め合わせる。

ピーマン

β-カロテンとビタミンCが皮膚を強くし、元気な子に

　野菜に含まれる色素の中で、緑色に見えるのはクロロフィルです。緑黄色野菜はビタミンA効力が大きいといわれるので、この緑色色素にもビタミンA効力があるように錯覚しますが、これにはその働きはまったくありません。しかし、野菜の細胞の中にクロロフィルとβ-カロテンが共存しており、緑色が濃いほどβ-カロテンも多く含まれます。肉眼では緑色に消されて、β-カロテンの黄色は見えませんが、ピーマンにはβ-カロテンが含まれます。また、ビタミンCも豊富です。

　夏野菜であるピーマンもハウス栽培により、現在は一年中店頭に並びますが、ハウスと露地栽培のピーマンのビタミンC含有量を比較してみると、ハウス栽培の方が多い傾向がみられました。このような栽培法の違いより、緑色が濃いか淡いかの方が栄養価に影響するのです。

　ピーマンといえば、一般に子どもが嫌う野菜ですが、最近では苦味のあまり強くないピーマンが出回るようになりました。子どもの好きなナッツ類と組み合わせるなど、食感にも工夫をして、積極的に食べさせてあげましょう。

> **コ・ラ・ム**

ピーマンの炒め方のポイント

　ピーマンは青菜と比べ酸化防止物質が含まれているので、ビタミンCが壊れにくい野菜です。炒めることは、調理損失も少ない料理方法です。生でもいただけるピーマンですので、手早く強火で、さっと炒めることがポイントです。

赤・黄ピーマンのマリネ

- 調理時間 7分
- 子ども1人分 67kcal
- 栄養バランス
- 最も効率良く摂取できる栄養素 ビタミンC
- 比較的効率良く摂取できる栄養素 ビタミンE

■ 材料(4人分)

- 赤ピーマン　1/2個（75g）
- 黄ピーマン　1/2個（75g）
- 玉ねぎ　1/8個（25g）
- しめじ　1/2パック（50g）
- オリーブ油　大さじ1 2/3
- A 酢　1/4カップ
- 　　塩　少々
- 　　レーズン　25g
- 　　ロリエ　1枚

■ 作り方

① ピーマンは細切り、玉ねぎは薄切りにする。しめじは石づきを除き、小房に分ける。
② フライパンにオリーブ油を熱し①をさっと炒める。
③ しんなりとしたら、Aを合わせた中に入れ、ひたひたまで水を加えて漬け込む。
④ 味がなじんだら出来上がり。

赤ピーマン・黄ピーマン

肉厚で甘味があり、子どもにも人気

　日本でも栽培されますが、オランダからの輸入品が多く市販されています。従来のグリーンのピーマンとは品種が異なり、肉厚で甘味が強く、ピーマン特有の青臭みがないので子どもにも好まれ、鮮やかな色彩がさらに興味をそそります。この赤や黄色の色はおもにカロテノイド系の色素ですからビタミンA効力もあります。赤ピーマンの方がその働きは大きく、緑黄色野菜として扱って良いのですが、黄ピーマンの方はあまりビタミンA効力は大きくありませんから、淡色野菜として扱う方が望ましいでしょう。黄ピーマンには、カロテノイドの中でもβ-カロテンは少ないのです。

　両者とも、ビタミンCが非常に多いのが特徴で、赤ピーマンはグリーンのピーマンの2倍以上で170mg/100gという含有量です。黄ピーマンは150mgで、赤ピーマンよりやや少なめです。マリネのように油を用いた調理はカロテノイドの吸収を良くします。

コ・ラ・ム

あっさりしたマリネの作り方

　赤・黄ピーマンは肉厚で普通の緑のピーマンに比べてビタミンA、Cが豊富です。ビタミンCの損失も少なくてすみ、ビタミンAの吸収もすすむ料理です。マリネ液を作り、生のまま漬け込むのではなく、さっと素材を炒めて作ります。あっさりしたマリネに仕上がり、炒めてあるので味もなじみやすく、漬け込む時間も短くてすみます。

ブロッコリーの
チーズフライ

- 調理時間 / 10分
- 子ども1人分 / 49kcal
- 栄養バランス
- 最も効率良く摂取できる栄養素 / ビタミンC

■ 材料(4人分)

ブロッコリー　1/2株（150g）
衣　小麦粉　大さじ1
　　卵　1/2個
　　粉チーズ　大さじ1/2
　　パン粉　大さじ1
揚げ油　適宜
レモン　1/4個

■ 作り方

①ブロッコリーは小房に分け、さっとゆでる。
②小麦粉、卵、粉チーズとパン粉を混ぜ合わせたものを順につけていく。
③180℃に熱した油でカラリと揚げる。くし形に切ったレモンを添える。

ブロッコリー

ビタミンCはレモンのほぼ2倍、β-カロテンも豊富

　冬野菜なのですが、今では輸入品が多くなり、一年中店頭に並んでいます。冬の国産ブロッコリーは栄養価も高く、味も良好で、β-カロテン、ビタミンCが多い緑黄色野菜です。ビタミンEやカルシウム、鉄も多く含みます。β-カロテン、ビタミンC、Eの3種のビタミンを一緒に摂取すると、発ガン予防効果が大きくなると報告されています。また、ブロッコリーにはグルタチオンという含硫化合物が含まれますが、これにも発ガン予防の働きがあります。
　花蕾の部分をおもに利用しますが、花蕾が開き過ぎるとビタミンCは少なくなってしまいます。茎の部分は甘味が強くおいしいので、この部分も上手に活用したいものです。輸入ブロッコリーは一般に船積みで入ってきますので、収穫後何日も経過しています。氷詰めで低温に扱われてはいますが、ビタミンCや甘味成分は少なくなっています。

コ・ラ・ム

ブロッコリーはさっとゆで、衣は薄く…

　　ブロッコリーはゆで過ぎると、ぺちゃっとなって食感も悪く、水っぽくなりおいしくありません。沸騰した湯に入れる時は軸の方から入れてゆでます。アクの少ない野菜ですから、水にさらさず、ザルに広げて冷まします。
　　衣は薄めにつけましょう。カラッと揚げるための秘訣です。チーズが混じっていますから焦げやすいので、油の温度があまり高くならないようにしてください。揚げ始めのものと揚げ終わりのものの色が違ってしまいますよ。

ほうれん草の磯部巻き

- 調理時間 7分
- 子ども1人分 14kcal
- 栄養バランス
- 最も効率良く摂取できる栄養素 ビタミンA
- 比較的効率良く摂取できる栄養素 ビタミンB_2, C　鉄

■材料（4人分）

ほうれん草　2/3束（200g）
にんじん　10g
のり　1 1/2枚
しょうゆ　小さじ2 1/2

■作り方

① ほうれん草は熱湯でゆで、水にさらし、よく水気を絞っておく。
② にんじんは千切りにし、さっとゆでる。
③ ラップの上に、のり、ほうれん草、にんじんを順にのせ、くるりと巻いて、なじませる。
④ ラップを除き、1cm長さに切り、しょうゆをかける。

ほうれん草

多くの栄養素をバランス良く含み、健やかな成長に欠かせない

　緑黄色野菜の代表格です。ポパイがほうれん草を食べるとモリモリ力が出る漫画は有名ですが、それは誇張されてはいるものの確かに栄養価は抜群に高いのです。β-カロテン、ビタミンC、B_1、B_2、E、鉄、亜鉛などがいずれも多く含まれます。カルシウムも多いのですが、ほうれん草にはアク成分として蓚酸が多く含まれるため、カルシウムは蓚酸と結合してあまり吸収されない形になっています。かつて、ほうれん草といえば葉にもギザギザが入って根元が紅い品種でした。これは東洋種で栄養価も高く味も良かったのですが、現

ほうれん草のココット

- 調理時間 15分
- 子ども1人分 175kcal

栄養バランス
- 最も効率良く摂取できる栄養素 ビタミンA　鉄
- 比較的効率良く摂取できる栄養素 ビタミンB_2, C

■材料（4人分）

- ほうれん草　2/3束（200g）
- トマト　1/2個（100g）
- コーン（缶）　50g
- 卵　5個
- 牛乳　2 1/2カップ
- 塩　小さじ1
- 砂糖　大さじ1 2/3

■作り方

① ほうれん草はゆで、よく水気を絞って1cm長さに切る。トマトは種を除いてあられ状に切る。
② 卵をほぐし、牛乳、塩、砂糖を加えて万能こし器でざっと漉す。
③ 耐熱容器にほうれん草、トマト、コーンを入れ、②の卵液を注ぐ。
④ 230℃に熱したオーブンで10分程焼く。

在はほとんどが西洋種との交配で生まれた一代雑種（F_1）になっています。そのために昔のものより栄養価は劣ります。それでも、非常に多くの栄養素を含む野菜ですから、子どもの好きな食材と組み合わせて、たっぷり摂るようにしましょう。

　また、夏でも栽培されていますが、冬の旬のほうれん草と比べるとビタミンCは1/3程度、カロテンは2/3程度の含有量です。

もやしの袋煮

|調理時間|15分|
|子ども1人分|134kcal|

栄養バランス
|最も効率良く摂取できる栄養素|ビタミンA|
|比較的効率良く摂取できる栄養素|鉄|

■ 材料（4人分）

もやし　2袋（100g）
油揚げ　2 1/2枚（75g）
（半分に切ってある寿司用を5枚用意すると便利です。）
にんじん　1/8本（25g）
鶏ひき肉　100g
しょうゆ　大さじ2 1/2
みりん　大さじ2 1/2

■ 作り方

①もやしはひげ根をとり、にんじんは千切りにする。
②油揚げはさっとゆでて油抜きをし、半分に切って袋状に開く。
③油揚げにひき肉、もやし、にんじんをつめて、楊枝で口を閉じる。
④鍋にだし1 3/4カップ、しょうゆ、みりんを煮立て、③を加えて煮る。ひき肉に火が通ったら出来上がり。

もやし

食物繊維がお通じを良くし、子どものお腹を守ってくれる

　もやしの原料には、大豆のほかに緑豆、ブラックマッペなどが用いられます。原料の豆の成分が異なるので、多少の違いはありますが、いずれも発芽部を利用しますから、成分は似ています。
　四訂食品成分表によると、ビタミンC含有量は、緑豆もやし16mg/100g、ブラックマッペもやし12mg/100gとなっています。カリウムは前者が130mg、後者が80mg。風味の点でも緑豆もやしの方がやや優れているのですが、現在は緑豆もやしはほとんどなく、ブラックマッペもやしが主流となっています。かつて緑豆は中国から輸入され、もやしや春さめの原料となっていましたが、春さめも現在はさつまいもデンプンやじゃがいもデンプンが原料となっています。
　いずれの豆類から作られていても、もやしは食物繊維の供給源となりますので、便秘がちな子には、とくに積極的に食べさせてあげたい食材です。

コ・ラ・ム

もやしの袋煮作りのポイント

　もやしはていねいにひげ根を取ってください。口当たりも良く、出来上がりも違います。

　油揚げは稲荷寿司用のものなら、あらかじめ開いているので手間もないでしょう。お豆腐屋さんにも頼んでみてください。開いたものを売ってくれるところもあります。油揚げは必ず湯通しして油抜きをしてください。余分な油がとれて出来上がりがさっぱり仕上がります。

　だしと調味料を加え、必ず沸騰したところに入れてください。

大豆もやしナッツ入りナムル

- 調理時間 / 7分
- 子ども1人分 / 72kcal

栄養バランス
- 最も効率良く摂取できる栄養素 / ビタミンA
- 注目すべき栄養成分 / 食物繊維

■材料（4人分）

大豆もやし　1袋（150g）
にら　1束（100g）
A　ピーナッツ　25g
　　ごま油　小さじ2 1/2
　　しょうゆ　小さじ2 1/2
　　砂糖　小さじ1強

■作り方

①大豆もやしはひげ根を除き、さっとゆでる。にらもゆで、2cm長さに切る。
②ピーナッツは粗みじんにし、Aの材料と混ぜ合わせる。
③①を②で和える。

大豆もやし

芽に付いている豆にも栄養がいっぱい

　大豆を水に浸して暗所に置くと発芽してきます。これが大豆もやしです。市販されているのは発芽して5〜6日くらい経ち、芽が伸びたものですが、もやしに含まれるビタミンCは発芽3日目くらいがピークで、市場に出るくらいに伸びるとやや少なくなります。しかし、3日目ではまだ充分に芽が伸びていないので、料理に使いにくい点もあり、容積が小さいため価格も高くなりますので、実際には市場には出ていません。
　大豆にはタンパク質や脂質が多く、ビタミンCは含まれていないのに、発芽した大豆もやしではビタミンCが生成されるのです。一方でタンパク質や脂質は少ないのですが、芽に付いている豆の方も利用するとタンパク質や脂質も摂取できます。大豆のタンパク質はアミノ酸組成が優れていますので、ぜひ活用したいものです。
　芽と豆と食感の違いを子どもたちに楽しませてあげられる調理法にしてはいかがでしょうか。

コ・ラ・ム

大豆もやしナッツ入りナムル作りのポイント

　大豆もやしは面倒でもヒゲ根を取ってください。きれいに仕上がります。

　噛みごたえを失いますので、にらも大豆もやしもゆで過ぎないことが大切です。そのためには、いっぺんに湯の中に材料を入れるのではなく、少しずつ何回かに分けていれ、短時間でゆで上がるようにしましょう。ビタミンの損失も少なくてすみます。

レタスのケチャップ炒め

|調理時間| 15分
|子ども1人分| 46kcal

栄養バランス
比較的効率良く摂取できる栄養素 ビタミンE

■ 材料(4人分)
レタス　5枚（150g）
コーン（缶）　50g
油　小さじ2 1/2
さやいんげん　2〜3本（15g）
ケチャップ　大さじ3 1/3

■ 作り方
① レタスは一口大にちぎる。さやいんげんは筋をとり、小口切りにする。
② フライパンに油を熱し、レタス、さやいんげん、コーンを炒める。
③ しんなりとしたら、水大さじ2弱とケチャップを加え、炒め合わせる。

レタス

丈夫な体を作ってくれる緑色部のβ-カロテンとビタミンC

　サラダ菜、サニーレタス、エンダイブなどと同じ仲間。水分が多く味が爽やかで、サラダによく用い、淡い緑色が食欲をそそります。しかし、サラダばかりでは子どもは飽きてしまいます。時には、さっと炒めたり、スープにして特有の歯ごたえを楽しみましょう。ビタミンCはとくに多いわけではありませんが、緑色の濃い部分には多く含まれ、さらに、緑色部にはβ-カロテンも多く含まれます。緑色の色素・クロロフィルは酸と反応すると褐色に変化しますので、ケチャップなど酸を含む調味料を用いたら、すぐに食べましょう。鉄の包丁で切ると味が変化します。手でちぎるのが良いでしょう。

サニーレタスのそぼろ包み

- 調理時間 / 15分
- 子ども1人分 / 163kcal
- 栄養バランス
- 最も効率良く摂取できる栄養素 / ビタミンA
- 比較的効率良く摂取できる栄養素 / 鉄

■材料（4人分）

サニーレタス	3～4枚（100g）
そぼろ　豚ひき肉	150g
玉ねぎ	1/2個（100g）
にんじん	1/4本（50g）
しょうゆ	1/4カップ強
みりん	大さじ2 1/2
砂糖	小さじ2 1/2
ごま油	大さじ1 2/3

■作り方

① 玉ねぎ、にんじんはみじん切りにする。
② 鍋にごま油を熱し、①を炒める。しんなりとしたら豚肉を加え、炒める。
③ 豚肉の色が変わったら、砂糖、みりん、しょうゆを加え、汁気がなくなるまで煮る。
④ 適当な大きさにちぎったサニーレタスにそぼろを包み食べる。

サニーレタス

塩分を調節してくれるカリウムを多く含有

結球レタスより傷みやすいので、早めに利用します。レタスの仲間でもサニーレタスの方が栄養価が高く、ビタミンCとβ-カロテンを多く含む緑黄色野菜です。野菜には一般的にカリウムが多いのですが、サニーレタスはとくに多く、レタスが220mg/100gなのに対して、サニーレタスには410mg/100gも含まれます。日本人は食塩としてナトリウムを多く摂取し、高血圧や脳卒中などの原因であると指摘されていますが、体内ではナトリウムの排泄に、同じ量のカリウムが必要。スナック類で食塩を多く摂取する子どもにはカリウム摂取のためにもサニーレタスが適しています。

菜の花のチーズソースかけ

| 調理時間 | 10分 |
| 子ども1人分 | 54kcal |

栄養バランス
| 最も効率良く摂取できる栄養素 | ビタミンA, C |
| 比較的効率良く摂取できる栄養素 | カルシウム |

■材料（4人分）
菜の花　1束（150g）
牛乳　1/3カップ強
片栗粉　小さじ1
とろけるチーズ　50g

■作り方
①菜の花は熱湯でゆで、水にとり、よく水気を絞って2cm長さに切る。
②鍋に牛乳を煮立て、弱火にして倍量の水で溶いた片栗粉を加え、ひと煮する。とろけるチーズを加え、溶けたら火を止める。
③器に菜の花を盛り、②のチーズソースをかける。

菜の花

成長に不可欠なβ-カロテンやビタミンCがいっぱい

　一時期エディブルフラワーというのが流行しました。この時は外国の花が主体でしたが、日本では昔からエディブルフラワーを利用していました。食用菊、菜の花などがその代表です。
　菜の花は緑黄色野菜に分類されます。つまり、β-カロテンやビタミンCが多く含まれ、菜の花のやや淡い緑色の葉からは想像しにくいほど栄養価が高いのです。β-カロテンとビタミンCはともに、不足すると風邪をひきやすくなり、また、そのほかの感染症にかかりやすくなります。β-カロテンの方は調理による損失はありませんが、ビタミンCはゆで汁に一部溶けて1/3程度になってしまいますが、もともと120mg/100gも含みますので、供給源として役立ちます。

コ・ラ・ム

応用範囲の広いチーズソース

　菜の花のゆで過ぎに注意しましょう。ビタミンの損失ばかりでなく、歯触りが失われます。ほうれん草ほどアクはありません。水にとっても冷めればOK。長くさらす必要はありません。

　チーズソースはチーズを入れたら焦げやすくなります。弱火でチーズが溶けたら、もう出来上がりです。いつまでも火にかけていると焦げたり、水分がなくなってなめらかに仕上がりません。手早く仕上げましょう。野菜をはじめ、パンにつけてもおいしくいただけます。

さといも味噌田楽

- 調理時間 15分
- 子ども1人分 70kcal
- 栄養バランス
- 注目すべき栄養成分 食物繊維

■ 材料(4人分)
- さといも　4〜5個（250g）
- A　味噌　大さじ2 1/2
- 　　みりん　大さじ1 2/3
- 　　砂糖　小さじ2 1/2
- ごま　小さじ1

■ 作り方
① さといもはよく洗い、皮つきのままゆでる。やわらかくなったら皮をむき、2〜3等分に切る。
② Aの材料を混ぜ合わせ、さといもにぬり、230℃に熱したオーブンで5〜6分焼く（オーブントースターでもOK）。
③ お皿に盛り、ごまを散らす。

さといも

デンプン質なのに水分が多く、低カロリー

種類が大変多く、200を越えるといわれています。根の中央にある大きな親いもを食べる種類、その周りにできる子いもを食べる種類、その両方を利用する種類などに分けられます。一般にさといもと呼んでいるのは子いもを、たけのこいもは親いもを、やつ頭、えびいもは両方を食べます。

さといもが祝い事、お正月に欠かせない縁起物として用いられるのは、親いもの周りにたくさん子いもができることから子孫繁栄の象徴としているためです。

主成分はデンプンですが、じゃがいも、さつまいもより少なめです。特有の粘りはガラクタンという炭水化物とタンパク質が結合したもので、食物繊維の一種。酢を少し入れてゆでると粘りがとれやすいのはタンパク質が変化するからです。皮をむく時、手が痛がゆくなるのは蓚酸カルシウムの針状結晶が含まれていて、これが皮膚を刺激するためですが、加熱すれば結晶は崩れます。

コ・ラ・ム

さといもの下ごしらえ

　皮付きのままゆでれば、皮が手で簡単にむけます。蒸しても同様です。皮ごとですと、旨味を逃がしません。生のまま皮をむく時は、泥を洗い流した後、乾かしておくと、ヌルヌルせずに皮もむきやすくなります。

　オーブントースターを使う時は焦げやすいので注意してください。

さつまいものきんぴら

| 調理時間 | 10分 |
| 子ども1人分 | 106kcal |

栄養バランス
| 最も効率良く摂取できる栄養素 | ビタミンC |
| 比較的効率良く摂取できる栄養素 | ビタミンB$_2$ |

■ 材料（4人分）
さつまいも　1本（200g）
しめじ　1パック（100g）
ごま油　大さじ1 2/3
しょうゆ　大さじ1 2/3
みりん　大さじ1 2/3

■ 作り方
① さつまいもはよく洗い、皮つきのままマッチ棒状に切る。しめじは石づきを除き、小房に分ける。
② フライパンにごま油を熱し①を炒める。油が全体にまわったら、水1/3カップを加え、フタをして少々蒸す。
③ さつまいもがやわらかくなったら、しょうゆ、みりんを加え炒め合わせる。

さつまいも

ビタミンB$_1$、C、食物繊維が豊富、ナチュラルなおやつに最適

　主食の代わりにもなる野菜。さつまいもの主成分はデンプンでエネルギーの供給源となるとともに、ビタミンB$_1$、C、E、食物繊維なども多く含まれます。黄色のさつまいもにはβ-カロテンも含まれます。穀物と野菜の両方を兼ねた食品といえましょう。

　甘味成分はデンプンが分解されて生じた麦芽糖、ブドウ糖などによるものです。さつまいもにデンプン分解酵素のアミラーゼが含まれるので、収穫後何日間か経った方が甘味が強くなります。石焼きいもが甘味があっておいしいのは、加熱された石の熱でさつまいもの温度がゆっくり上がるので、そ

大学芋

| 調理時間 | 10分 |
| 子ども1人分 | 94kcal |

栄養バランス
最も効率良く摂取できる栄養素　ビタミンC

■ 材料（4人分）
さつまいも　中1本（225g）
揚げ油　適宜
砂糖　大さじ3
しょうゆ　大さじ1
黒ごま　大さじ1/2

■ 作り方
① さつまいもはよく洗い、皮つきのまま一口大の乱切りにする。
② 170℃に熱した油で①を揚げる。
③ 鍋に水3/4カップ、砂糖、しょうゆを加え、とろりとするまで煮詰める。
④ 熱いうちにさつまいもにからめ、黒ごまをふる。

の間に酵素が働いて甘味成分が生成されるからです。しかも、さつまいもに含まれる水分だけでデンプンが糊化するので、余分な水が加わらず、それも甘味に関係します。蒸す場合は石焼きいもより多少水分が加わります。電子レンジでの過熱は急激に高熱になるので酵素作用が失われ、充分には甘味が出ないのです。

　さつまいもは冷蔵するといたみやすいので、13℃以下にはしないようにしてください。

　皮の赤い色はポリフェノールで、最近増えている紫色の濃い品種の色もポリフェノールです。

じゃがいもとレーズンの
ミルク煮

| 調理時間 | 15分 |
| 子ども1人分 | 89kcal |

栄養バランス
比較的効率良く摂取できる栄養素　ビタミンC

■材料（4人分）
じゃがいも　2個（200g）
レーズン　25g
砂糖　大さじ1 2/3
牛乳　1カップ強

■作り方
①じゃがいもはサイコロ状に切る。レーズンはぬるま湯でふやかしておく。
②鍋にじゃがいもとひたひたの水を入れ、ゆでる。
③じゃがいもの表面の色が変わってきたら、ゆで湯を捨て、牛乳とレーズンを加える。
④ひと煮立ちしたら砂糖を加え、じゃがいもがやわらかくなるまで煮含める。

じゃがいも

加熱しても損失しない
じゃがいものビタミンC、B_1、B_2

ドイツをはじめ北欧地域ではじゃがいもを主食のように食べるそうですが、主成分がデンプンですからエネルギー源となり、穀物に似ています。同時にビタミンC、B_1、B_2なども多く、野菜としての性質を有する食品です。これらのビタミンは水に溶けやすく、熱にも弱いので調理による損失が生じやすいのですが、じゃがいもをはじめ、いも類に含まれている場合にはかなり安定しています。たとえば、丸のままのじゃがいもを40分蒸した時のビタミンC残存率は約74％、B_1、

しゃきしゃきじゃがソテー

|調理時間|10分|
|子ども1人分|76kcal|

栄養バランス
|最も効率良く摂取できる栄養素|ビタミンC|
|比較的効率良く摂取できる栄養素|ビタミンB_1, E|

■材料（4人分）
じゃがいも　大2個（225g）
グリーンアスパラガス　1束（100g）
油　大さじ1 2/3
塩　少々
こしょう　少々

■作り方
① じゃがいもは短冊形に切り、アスパラガスは熱湯でさっとゆで、斜め薄切りにする。
② フライパンに油を熱し、じゃがいもを炒める。色が変わったら、アスパラガスと塩、こしょうを加え、炒め合わせる。

B_2は96％でした。これはデンプンに保護されているからであろうといわれています。
　じゃがいもは、お米のように味が淡白ですので、各種の素材と組み合わせることができ、広く活用できます。発芽部にはソラニンという有毒成分が含まれるのでよく除いて使います。冷蔵すると発芽が抑えられますが、家庭では冷暗所で保存すれば良いでしょう。

とろろごはんのグラタン

- 調理時間 20分
- 子ども1人分 291kcal

栄養バランス
- 最も効率良く摂取できる栄養素 ビタミンB$_1$
- 比較的効率良く摂取できる栄養素 ビタミンB$_2$、E
- 注目すべき栄養成分 食物繊維

■ 材料（4人分）
- ごはん　550g
- 玉ねぎ　1/2個（100g）
- マッシュルーム　1パック（75g）
- バター　大さじ1 2/3
- 塩　少々
- やまのいも　1本（250g）
- たらこ　1腹（50g）
- マヨネーズ　大さじ1 2/3
- パセリ　少々

■ 作り方
① 玉ねぎ、マッシュルームは薄切りにする。フライパンにバターを溶かし、玉ねぎ、マッシュルームを炒める。
② しんなりとしたらごはんを加え、炒めあわせて塩で調味する。
③ やまのいもはすりおろし、皮を除いてほぐしたたらことマヨネーズを混ぜ合わせる。
④ グラタン皿に②のごはんを入れ③のとろろをかける。230℃に熱したオーブンで8〜10分程焼く。
⑤ 軽く焦げ目がついたら、刻んだパセリを散らして出来上がり。

やまのいも

デンプン分解酵素のアミラーゼの働きで消化が良いのが特徴

　野生に自生する自然薯、栽培種では長いも、やまといも、いちょういも（形がいちょうに似ているもの）、つくねいも（げんこつのような形）などがあります。
　主成分はデンプンですが、生で食べることができる、珍しいいもです。一般にデンプンが主成分の食品を生で食べると消化不良を起こし、また食味も良くありません。これはデンプンの構造の違いによるのですが、生デンプンはβ-デンプンと呼ばれ、構造がしっかりしていて消化酵素が充分働けません。加熱してα-デンプンという状態になると消化が良くなるのです。やまのいもにはデンプン分解酵素のアミラーゼが多く、生の状態ですでにデンプンの一部が分解されています。食べた時にも消化酵素を一緒に摂取するので消化されやすく、すりおろして、とろろとして食べることができるのです。加熱すると、酵素作用は失われます。特有の粘りはマンナンという炭水化物とタンパク質が結合したものです。これも食物繊維の一種です。

コ・ラ・ム

やまのいもの料理のポイント

　やまのいもを料理すると手がかゆくなりますが、酢水で手を洗っておくと随分違います。とろろを作る時、すり鉢を使えば、きめの細かいものができます。

　たらこは手でしごくようにすれば薄皮が上手にとれます。また、まな板の上で片端をちょっと抑え、包丁でそぐようにすると簡単にとれます。

野菜の保存とフリージングのポイント

野菜の保存法

　低温に弱い野菜（さつまいも、青いトマトなど）以外は冷蔵保存するのが良いでしょう。しかし、限られた冷蔵庫のスペースの中に、何もかも入れることはできません。そこで優先して入れる野菜を選択して冷蔵します。ほうれん草、小松菜、ニラなど軟弱な葉菜類は必ず冷蔵します。固く結球している白菜、キャベツ、根菜類であるにんじん、大根などは通気性のある紙（新聞紙など）に包んで冷暗所に置くだけでも長く保てます。

ホームフリージング

　生で冷凍できるものもありますが、野菜はそのまま冷凍してはまずくなってしまいます。ピューレにしたり、ゆでたりしてから冷凍しましょう。たとえば蒸したかぼちゃを冷凍保存して、解凍後に牛乳とともに、ミキサーで砕いてポタージュに用いれば、解凍後の調理の手間も省けます。はじめから砕いて冷凍すれば、なお便利です。

　ほうれん草などの葉菜類は、さっとゆでて水気をしっかり絞り、適当な大きさに切って冷凍します。時間のある時に、多めに下ごしらえして冷凍保存しておけば、忙しい時、電子レンジなどで解凍し、仕上げの調理をするだけですむ場合もあります。

● **著者紹介**

吉田　企世子（よしだ　きよこ）

1967年、日本女子大学大学院修士課程修了。同年より、女子栄養大学講師を勤め、1972年に助教授となる。1984年には、東京大学より農学博士の学位を取得。1988年より女子栄養大学および同大学大学院の教授。専門は食品学、食品加工学。
おもな著書に、「野菜─畑から食卓まで」「野菜ガイドブック」（ともに女子栄養大学出版部）、「野菜と健康の科学」（養賢堂）、「新食品学各論」「食品加工学」（ともに学文社）などがある。

森野　眞由美（もりの　まゆみ）

長崎県佐世保市に生まれる。女子栄養大学卒業後、同大学栄養クリニックにおいて、20年間成人病などの食事指導にあたるほか、同大学にて講師も勤め、1992年6月に退職。現在、株式会社バイワネルの代表取締役として企業の栄養コンサルティングにあたるほか、雑誌・イベント・ビデオの企画や執筆活動、講演会などを行っている。女子栄養大学および各種財団、専門学校の非常勤講師でもある。
おもな著書に、「決定版やせる食べ方」「1200kcalのバランス献立」（ともに女子栄養大学出版部）、「おいしく食べる『カルシウムたっぷりの食事』」「肥満・成人病を防ぐ『1600kcalの食事』」（ともに永岡書店）、「気になる検査値　食事で治そうシリーズ」（NHK出版）などがある。

編集・写真協力	全国野菜需給調整機構 （P35、P43、P86、P92の写真は「ベジタブルガイド」より）
装丁／デザイン	（有）オフィス・カン／前田　寛
撮　　　影	石塚　英夫

―賢く丈夫に育てるために―
子どもが喜ぶ手づくり野菜料理

2000年5月30日　　第1刷発行
2001年1月25日　　第2刷発行
著　者　吉田　企世子・森野　眞由美
発行者　三浦　信夫
発行所　株式会社　素朴社
　　　　〒150-0002　東京都渋谷区渋谷1-20-24
　　　　電話：03 (3407) 9688　　FAX：03 (3409) 1286
　　　　振替　00150-2-52889
印刷・製本　壮光舎印刷株式会社

© 2000 Kiyoko Yoshida/Mayumi Morino, Printed in Japan

乱丁・落丁本は、お手数ですが小社宛お送り下さい。送料小社負担にてお取替え致します。
ISBN 4-915513-51-3 C2377
価格はカバーに表示してあります。

素朴社の好評既刊

結核の感染・発病と予防
―いま、なぜ再び脅威なのか―

医学博士／結核予防会副会長 青木正和 著　A5判　定価：本体1,300円（税別）

かつては「亡国病」とまでいわれた結核がぶり返し、院内感染や集団感染が続出し、ついに出された「結核緊急事態宣言」。結核は何よりも予防が大事であることを図表をまじえてわかりやすく解説。

笑いが心を癒し、病気を治すということ
―ストレスも不景気も笑い飛ばして生きようやないか!!―

関西大学教授／日本笑い学会・会長 井上 宏 著　四六判　定価：本体1,300円（税別）

免疫力を高め、難病まで治してくれる笑いのパワーは、人間を元気にしてくれると同時に社会の毒素をも吹き払ってくれる。

がんを予防する食品ガイドブック
―栄養学と医学の上からすすめたい食材と調理―

女子栄養大学教授 五明紀春・女子栄養大学助教授 三浦理代 共著　A5判　定価：本体1,500円（税別）

最新の研究成果に基づき、部位別がんを予防するために、何をどう食べればよいかを解説。がんのリスクを下げる食材を使った料理のレシピも豊富に収録。食生活を通してがんから体を守るための決定版。

環境ホルモンから子どもたちを守るために
イラスト解説
―これだけは知っておきたい内分泌障害性化学物質の怖さ―

横浜市立大学教授 井口泰泉 監修　A5判　定価：本体1,300円（税別）

人間や野生生物にさまざまな悪影響を与えている化学物質から子どもたちを守るために、どの物質にどんな危険性があるのか、その影響を避けるために家庭で何ができるのかを豊富なイラストと図表で解説。

ドクター・オボのこころの体操
―あなたは自分が好きですか―

四六判　上製　定価：本体1,500円（税別）
オボクリニック院長 於保哲外 著

「人間を診る」著者の独特な理論と療法が疲れた心をほぐしてくれる。

すい臓病の原因と予防　―お腹・背中・腰がモヤモヤしたら…―

医学博士 平畑徹幸 著　四六判　定価：本体1,400円（税別）

欧米型の脂肪の多い食生活により、すい臓病が急増、中でもすい臓がんが高い伸び率を示している。発見されにくいすい臓病の予防法を、長年すい臓病の研究・治療に携わってきた著者がわかりやすく解説。